思想觀念的帶動者

文化現象的觀察者

本土經驗的整理者

生命故事的關懷者

心靈工坊 PsyGarden

Caring

生命長河，如夢如風
猶如一段逆向的歷程
一個掙扎的故事，一種反差的存在
留下探索的紀錄與軌跡

我的青春，施工中

Listening to the Voices of Young People

王浩威醫師的青春門診

著——王浩威

目次

篇二　家庭和家庭之外

篇三　校園生活的競技場

篇四 在社會的跑道上

前言
十歲的成人，四十歲的少年

結束復旦大學的國際研討會，離開上海沒多久，人就駕著車快速奔回台北。同車的同行前輩笑我精力旺盛，下飛機就立刻回診所看個案。我有些哭笑不得：「是呀，何必將自己忙成這樣，已經是十多年了，這樣的工作節奏。」

飛機在浦東起飛時，耽擱了半小時；出關等行李又延遲一會兒。每一些微的延遲，就要將慌亂的心調整一下，免得不必要的著急湧上。我和個案約好的下午四點，似乎只剩半小時的休息了。才正擔心時間的匆促，沒想到機場接北上高速公路的這段路，又堵塞了好十來公里。

S和J是兩個我當天非看不可的個案。特別是S，下午四點是我們兩人可以的唯一時間，否則又要等一個禮拜後。

S才剛被大學退學，開始會談沒多久。S很敏感，而我們的治療關係還沒完全建立，我希望不要有任何遲到之類的事發生，讓他對我的信任動搖了。

而J是一位父母許久以前就離婚的重度憂鬱症少女。我出國開會前的最後一次會談將結束時，她緩緩伸出右手，腕上有前一晚新刮的傷痕。這次出去開會最猶豫就是近況又惡化的她：「我應該通知她爸媽嗎？」可是，這次惡化就是因爲爸爸開始受不了照顧她的壓力，表示：「如果再住院，就送妳住慢性療養院，不再養妳了。」我知道其中有部分是情緒性的話，但也知道因著她媽媽避不見面，而最近才接個案一起住的爸爸，其實是不甚了解，也不願了解，只是願意付錢給所有的治療。

對J而言，生命就是一次又一次的被拋棄。出國前，我承受著比平常還沉重的自殺危險，只因爲擔心J又以爲住院就是被治療師再一次拋棄了。這次希望能立刻見到她，是要確定她的安全，也是要讓她確定我並沒有拋棄她。

當車子近乎超速的穿梭在車陣之間，兩位同仁都緊張地停止交談了。直到下了建國高架橋，確定時間是三點四十分，車內凝固許久的氣氛才終於鬆下來。

這是剛剛才發生的事。但就在前兩天，我還趁上海會議之餘，偷閒到杭州遊西湖呢。

四月初的西湖，我們中午前抵達，在面湖的旅館安頓好，然後，慢行到樓外樓用餐。正午有點熱，有一舟子閒在岸口，我們便搭船消暑，輕輕漫漫只是晃著。舊西湖是錢塘江的水，有些波盪；穿過蘇堤到了新西湖就是山水和泉水，平靜許多，也清淨許多。這是划船的阿嫂告訴我們的。沒多久，微靄逐漸加濃。初春蘇堤，青柳嫣桃，鳥鳴叫聲時遠時近，整個人隨著緩慢的波靜靜盪下來，是許久都不曾有過的感覺，幾乎就要忘記這一刻以外的所有時間，以及那些時間裡的所有行程。

這感覺才是兩天前，現在卻開始恢復速度，也繃緊心情，彷如剛才開車上高速公路，一下子就切換到快速跑道了。

關於青少年的工作從來就不容易不陷入著急心情的。然而，更難的是，雖然著急，一切還是要從容自在。一來，原本就只有耐心地等待，才能讓少年的主動性終於顯現；二來，任何大人／權威在承受不住焦慮時，他所顯露出來的表情或語言，都可能被少年視為一種壓迫：「又來了，又要逼我……」

青少年個案臨床上比其他年齡層更容易迅速變化；只是，身邊的大人只能反應迅速，卻不能將匆忙形諸於顏色。

青少年在生活裡的狀態（不只是臨床上，在一般生活中也是如此），也比其他年齡層更容易迅速變化。這些年來，我們看到愈來愈多的新疾病和新難題出現在青少年身上。甚至，連什麼是青少年，究竟是幾歲到幾歲，也很難區分。

在督導精神科住院醫師時，一位年輕的女醫師提出新接的個案：四十多歲的男性，他覺得十多年來都是被幫派老大欺騙了，強烈的被背叛感讓他陷入憂鬱。年輕的女醫師無法理解，這樣的男人怎麼有一些不可思議的幼稚？我用馬西亞（James Marcia）的青少年認同過程結構圖（他老師艾瑞克森〔E. Erikson〕是提出青少年認同論點的大師）來解釋：這個個案不是有一些幼稚，而是整個人生都一直是沒長大的幼稚，除了軀體。

同樣的，在兒童心理的門診，我們也可以看到十歲的小孩，不只言談舉止老氣橫秋，甚至是比單純的媽媽還更焦慮著爸爸被裁員後的經濟問題。在這家庭裡，這十歲的小姊姊，比媽媽還像是爸爸照顧這家庭的得力幫手。

如果我們將少年、青少年和青年，定義爲小孩到成人的階段；如果小孩指的是大部分需要他人的狀態，從少年到青年則是這個過渡期。這樣一來，在變遷愈來愈大的家庭結構下，就可能出現四十歲的小孩和十歲的成人了。

青少年工作是不容易，但也因此十分迷人。

一九七九年，完成精神科住院醫師工作，我離開台北到花蓮開展自己的專業生涯。選擇東部當時新成立的醫學中心，是爲了學術研究。當時，除了精神醫學，我喜歡文化、人類學和社會學。我以爲在精神醫學和這些學科之間，可以開拓自己的學術生涯。

後來，我沒做成學者，倒是對臨床工作和文學創作愈來愈投入。特別是心理治療，慢慢變成我的主業。

當時的省教育廳有個新政策，要在原來的中學輔導網加上精神科醫師作爲團隊的一員。東部輔導網包含了宜花東三縣，幾乎是半壁台灣了。東部的負責學校是花蓮女中，輔導室的唐永豐主任和溫嬛椿老師邀我一起加入這項工作。很幸運的，我開始遇見更多的青少年，也透過他／她們而遇見更多的學習和成長。自然而然的，我開始找更多的書籍來看（當然，能找到的都是英文的），也開始爲這一群個子高大但卻喑啞無聲的隱性弱勢族群而著急。於是，在心急的情況下，陸續寫了幾篇評論。

開始以這些青少年爲對象，寫一些臨床側寫的散文，則是一九九五年回到台北以後的事。一開始會有這樣的想法，則要特別感謝當時《幼獅文藝》的主編陳祖彥。在毫不相識的情況下，她邀約了我開闢《ＥＱ診療室》專欄，讓我盡情發揮。我選擇了青少年內心世界爲焦點，用文學的方式來做進一步的呈現。

一九九八年，在幼獅出版社當時的總編輯孫小英和編輯李文冰的幫忙下，出版了《台灣少年記事》一書。好友陳義芝幫我寫了序（見二六六頁），也側寫了當時的我。而我自己也在序中這樣說著：

> 開始將創作視為人生職志之一也是一九九一年到花蓮以後，遇見青少年的那一年。也許是這樣的機緣吧，讓自己將同一年發生的兩件事結合起來：用散文手法來經營青少年的內心世界。然而，我也明白的感覺到：對於這類的思考，文學恐怕才是最好的呈現手法。內心世界的運作是不容易有邏輯的，說理性的評論或研究報告只能理出一些讓人更容易捉住的原則，卻不容易讓人感同身受體驗到那些感情。
>
> 我想談的卻是這些感情，這是可以讓我們接近彼此心靈的唯一途徑。

許多年過去了，台灣少年究竟變了多少，恐怕難以計量。

許多老問題還是教人憂心忡忡的，許多新問題卻又來不及追趕：拒學、自傷、厭食和暴食、網路成癮、宅男……

在《台灣少年記事》出版十一年後，我們刪修、改寫部分作品（例如〈街頭與家之間〉是部分改寫自〈青少年戒嚴時代來臨〉，又〈豐富我的天使〉是改寫自〈無法遺忘的沉重〉），再加上幾乎等量的近年來發表的相關文章，並將前述義芝兄的推薦序與我的自序放在「一九九八台灣少年前事」，讓這次的出版在心靈工坊雅媚和玉立前後的幫忙下，編輯成一本更完整的書。

我自己十分滿意這本書，不只是因爲前一書序中所講的「這些年來學習心得的炫耀」，也包括對這領域夠好的呈現吧。

感謝兩本書的編輯，也感謝爲我推薦的朋友們。當然，更感謝書中出現的所有的主角。雖然，基於專業倫理的原則，沒有一個眞正的臨床個案被直接寫進去了；但是，嚴格來說，他們面貌的片段，我還是忍不住地在加工變形以後，偷偷挪用了。

在這文章結束的地方，我還是要沿用上一本書序文的最後一段話：「遇見了青少年，而有了這本書；也希望因為這本書，可以遇見更多的青少年。」

［篇一］

在我們的屋子裡

勇於夢想

我還記得，在窗口斜進的陽光裡，第一次見到的志弘，有一種教人困惑的安詳。

每一個人現身的那一刹那就訴說了很多的故事。他的表情，他的神采，他身體的節奏感，還有，他眼神流露的焦慮。

通常，陌生的診療室教人感覺壓力十足，特別是對初診的個案而言。他們來到一間大型的醫院，穿過不熟悉的走廊，找到門診所在處之後便焦躁的擠在人群中等待。突然間燈號亮了，輪到自己了，在等待的情緒終於釋放的同時，卻又跨進了另一個更有壓迫感的診療空間。

志弘是媽媽陪著來的。他微笑的在我面前坐下，一點羞澀或慌亂都看不出來。甚至我還來不及開口，他就直接說了：「我覺得自己應該找個心理醫師，所以就要媽媽陪著來了。」如果不是剛剛變聲的尷尬嗓音，還有嘴上初冒的青嫩鬍鬚，這樣成熟的遣詞用字還會誤以爲是個成人，而且是性格相當成熟的人呢。

通常，來到我們門診的青少年看起來都是不太愉快的；我所謂的不愉快，是指被迫來求診的過程。也許是爸媽要求，也許是輔導老師，他們總是處在氣氛惡劣的押解狀態。志弘的情況卻相反，他既主動又樂意配合。

志弘來門診的原因是關於自己的上課狀態。今年已經高三了，全班都在衝刺，志弘卻覺得自己提不起勁，總覺得效率永遠低人一等。之後到了晚上，睡眠變得愈來愈淺，彷若不曾全然放鬆。志弘說，他知道書上說這樣的情形是壓力太大或有心事，只是自己無法自我分析。

志弘的功課其實不差，他在這所公立高中的成績約是中上，考上大學一定沒問題。他在班上的表現甚至可以稱得上傑出，永遠都是大家最信任的同學，幾乎每學期都無異議的被推選爲班長。他對人總是彬彬有禮，既禮貌又不做作，學校附近的商店老闆，包括賣便當的小販或眼鏡行等等，幾乎都認識他，並且隨時特價優待他。

陪著來的媽媽乍看只是尋常的婦人，卻也是難得的安靜，一點搶話的焦慮都沒有。反倒是我自己忍不住問說：「媽媽覺得呢，志弘的問題你有什麼看法？」

原來媽媽是大學教授，而爸爸在國內某知名研究機構擔任高級研究員，因爲今天必須主持學術會議無法一起來。夫妻兩人不只是高成就，甚至在國內的專業界還頗有知名度。她對志弘相當稱讚，認爲他從小就比一般小孩懂事，同時擁有難得的誠懇氣質，自然也就不必教他們夫妻多操心。她說，因爲留學美國有相當久的一段時間，滿能接受心理輔導的方法，所以志弘一提及就陪著來了。

他們母子是如此穩重而成熟，我於是更焦慮了。父母完美的教育態度，孩子既懂事又成熟，這樣還有什麼問題呢？我忍不住問媽媽：「難道，你不覺得志弘太讓你們放心了嗎？」

原來氣定神閒的媽媽忽然怔住，眼神閃過一絲的慌亂。她沉默了一下，才說起自己對志弘的擔心。她說，他們夫妻從來不給孩子壓力，也從不忽略孩子的需要，卻總覺得志弘從來沒有一般孩童應有的狂野和熱情。

當年夫妻倆在美國先後修完博士後，就依計畫生了志弘。剛剛回國時兩人雖然都忙著研究和升等，白天不得不將志弘托放在保母家，但對志弘的教育卻一直抱持著開放、高品質的態度。她說，志弘的成績雖然比不上他們夫妻年輕時的功課表現，不過他們也早早就告訴志弘要依自己的興趣發展。

然而，父母不給壓力，孩子果眞就沒壓力嗎？我慢慢引導志弘，讓他回想童年的自己。從幼稚園開始，每次換班級或老師，他個人資料上的父母經歷總是吸引了每一位老師。於是，從小他就知道自己有著十分「偉大」的父親和母親。慢慢的，隨著年級的增加，他雖然成績不錯，卻不是天才式的出類拔萃。不自覺的狀態下，他在潛意識裡認定自己可能沒有父母親的傑出知識和智商。但是，就像每一個人的自我追求力量，志弘對自己的表現依然有所期待，譬如，他讓自己擁有更成熟的人際關係和領導能力，而這是他父母當年單純的好學生角色所不曾擁有的。

在成長過程裡，社會和周遭的成人對我們的期許，自然內化成自己對自己的期待。這樣的內化過程是相當自發的，沒有一絲勉強，也從來不留痕跡。也許有一天，等我們更年長時，我們會起身反抗這種已經內化的期待，或者去尋找更高的理想和認同，捨棄這份原有的自我期待。但這種將外界期待加以內化的過程，幾乎是進入社會關係的第一步。

對志弘而言，父母的「非凡成就」早已透過親戚或師長的讚歎而內化到內心深處了。然而，太早知道自己不可能有所謂的「非凡成就」，就會太早放棄一切夢想。他在人際關係上，也同樣獲得了「非凡成就」，但在內心深處他徹底否定了任何夢想的可能，特別是有關知識或學業上的夢想。

志弘，一個不敢夢想的青少年。因爲父母顯赫的成就和完美的舉止，意味著他必然會面臨許多的挫折和失敗，並將永遠輸給他心目中的完美父母。聯考近了，依他現在的成績，任憑他再怎樣拚命用功，他還是要再一次面對自己輸給父母的挫折感。在這樣的情況下，還能夠有激昂的鬥志嗎？

我告訴志弘說，就讓我們回到童年吧，還是童話的年紀。如果，如果眞的遇見了一位肯送你三個願望的仙人，但是只能局限在對自己的期待和夢想，那麼你會想要什麼呢？

談話一直都很流暢的志弘忽然沉默了。從他的表情可以看出來，他眞的很認眞在想，正在腦海裡拚命搜索各種想像。最後，還是沒法回答這個簡單的問題。

志弘不是沒有夢，而是害怕失敗的習慣早就讓他的心不敢擁有任何的夢。

我告訴志弘說，關於睡眠，再怎麼困難的失眠只要一顆藥丸就夠了。但是，關於聯考和讀書，要不要想想看，如果是仙人送你的願望，你希望考上怎麼樣的大學和科系呢？然後再想想看，爲什麼會想要這個願望呢？夢想，對有些人或有些時刻來說，是最好的處方。

獨唱少年

少軒低著頭安靜地坐下，用沉默回答了我的問題。他有一點胖，雖然個子已經稍有大人樣了，還是一臉天真的童稚顏貌，而兩隻手不知不覺的在無言的寂靜裡開始反射動作似的不斷搓動。

我揣摩了一下自己剛才的問話，也許用字太不夠青少年，於是再問了一次：「我是說，像在班上突然沒法控制，發出了聲音，大家一定會瞪著你看，那你怎麼辦呢？」少軒是因爲不自主的尖叫，神經科醫師分不清是什麼原因，吃藥的效果又差，才轉介到我的門診。

坐著一旁的媽媽開始說話了，而且是相當體貼的口吻：「少軒，要不要說說看呢，你在家裡不是曾提過……」媽媽急躁地講著，雖然我趕快比個手勢要求她不要出聲，卻只阻止了一半。我只有再度對依然靦腆低頭的少軒說：「隨便說說吧，想到什麼就說什麼。」整個診療室忽然陷入了沉默，一種很難得的安靜。

在這間醫院裡，人們總是快速交談。醫師和護士是受過良好訓練的高效率動物，總是以敏捷的動作完成最快速的溝通。而病人和家屬們，固然是因應醫院的要求也不得不強化自己的效率；但原來的環境不是早就訓練我們過著這種以效率爲取向的生活嗎？

如果這時候有一個鏡頭，從我們的診療室開始拉高，看見了忙碌運轉的龐大醫院；再拉高，整個城市盡在眼底，裡面的每一個人依舊忙碌而迅速；甚至，當整個島嶼都被納入在鳥瞰的視野裡，我們還是可以感覺到這片土地永遠不停息的騷動，急促的脈動振動出低沉又快速的聲音，那是一聲又一聲的加油、加油、加油……

然而，語言的效率永遠只是某些人的專利品，是這個島嶼上所謂成功的人才可能擁有的。不幸的是，通常，主導了整個效率脈動的都是成人。

就像此刻，在診療室裡，焦慮的媽媽在我或者手勢或者口頭的暗示下，終於沉默下來了。我重複了兩次問話以後，也閉上了嘴安靜地凝視。少軒的雙手搓動得更快速了。

在這個小小空間裡，隔音不佳的門牆雖然還隱約傳來外面候診或過路的急切嘈雜，整個寂靜卻開始繼續凝聚而逐漸沉重了。這種沉重的安靜，開始讓不習慣的人感到一種不得不開口結束這一切無聲狀態的強烈焦慮。

媽媽的身體動了一下，我知道她快忍不住而習慣性的要打破沉默了，快快再做一個請她安靜的小小手勢，教她繼續等待。

少軒的雙手搓得更快速了。

這一切不經意動作到達可能的最高速度時，我知道，聲音就要出現了。

「很好玩呀，」少軒終於抬頭，緩慢而羞怯的眼神。周遭立刻又回復了原先的寂靜，也許只是一秒鐘吧，但強烈的沉默壓力足夠教人焦躁不安了。終於少軒又繼續開口說，「就是大家都會笑一笑，很高興啦。」

我繼續著放鬆的姿態，抑制住心中的喜悅。雖然他終於開口說話了，但是任何激起的情緒會立刻感染外散，而讓敏銳的他再次羞怯地關閉自己，恢復之前沉默搓手的模樣。我也要抑制自己的好奇心，畢竟那明明是很尷尬，甚至困窘的表現，根本不可能「很好玩」的。但是任何湧現的驚訝或質疑，都可能驚動了他小心翼翼才鼓足勇氣發聲的喉頭。

他繼續講下去了，用片段的詞語零碎說明著。我開始微微點頭，聽他再說下去，然後才稍稍發出「嗯哼」的回應，鼓勵他再繼續說下去。我要像一個謹慎的唱和者，讓原先膽怯的獨唱少年逐漸放開嗓門，讓他也清楚聽到自己的聲音；我甚至用眼神仰望他、傾聽他，讓他也相信自己說的話果眞是重要的，讓他有信心的說下去。這時，我才緩緩發出話語，「怎麼說呢」「還有呢」「要不要再多說一點」，逐漸讓獨唱少年在確立信心以後，也可以同時聽見我的問話了。於是，一首獨唱的編曲，慢慢在不知不覺中逐漸轉換成雙重唱。

我們這間診療室也開始有了愈來愈急切的聲音，原來的沉默冰塊終於開始融解了。就像這一幢大型的醫院一樣，雖然我們的速度和溫度都還差一點，但也開始有些騷動了。

在這個大都會的快速節奏裡，我們聽得到的所有聲音都是屬於有能力的人的，這些聲音大多來自不再困惑的成年人。雖然是有人得意而有人失敗，但至少自己的耳膜都習慣了自己的嗓子發出的聲調。

有些聲音是來自小孩子的，他們對大人的世界充滿崇拜和好奇。因爲他們很明顯的在這個世界之外，自己又還沒意識到這一切的差異；因此不在乎成人世界對自己的看法，反倒偶而也能侃侃而談。

然而，這群青少年在哪裡呢？

失去了聲音的青少年，或者偶爾像野獸般發出不悅的反抗聲響的青少年，他們生活在這個地球上，卻像隱身的外星人，只有身處在自己的同類社群裡，他們才敢自在放聲的嘻笑。

變身

摩托車在路面飛馳，激烈的速度好似要掙脫地心引力的牽絆，全身的每一吋肌膚都好像要被迎面襲來的疾風給撕裂剝離骨架。立文只是一個勁地催動油門，什麼感覺都沒了。

什麼感覺都沒了，他想，這種沒感覺的感覺實在舒服極了。身體重心微微傾斜，整架車子就跟著偏斜過去，幾乎貼近地面再順勢拉回。就這樣，忽左又忽右的，整輛車子也跟著以擺盪的方式，飛行在路中央。風的聲音好大，隔著安全帽鑽入縫隙，轟隆地呼嘯作響。好像可以聽見更高分貝的喇叭聲，是被剛剛駛過的汽車嚇一跳的結果吧。立文在盔帽裡的臉龐只是想笑一笑，可是連表情也被風擠得不成形了。

剛剛超他車的那個老傢伙，大概就像老爸那一種人吧，永遠都沒什麼反應，非得要出個狀況才會嚇他一跳。

立文要看到老爸是不太容易的。上課出門時還在睡覺；晚上熬夜讀書，他不是還沒回來，就是應酬到不省人事才被扛進門。有些時刻簡直是丟臉極了，連續幾天都是大嚷大叫地吵醒全家人，爸爸的同事像哄小孩子一樣地求他進門，媽媽也都要哭了。

立文永遠關著房門，守著自己的檯燈，還有桌上一大堆課本和參考書。

他聽見媽媽哭了，自己也都要哭了。「這樣的老爸，眞丟臉呀，拿一把刀幹掉算了。」一想著想著，立文發現自己不只全身發抖，還眞的掉下了幾滴淚。不過，眼淚最多也只有三、五滴。最舒服的感覺就是沒有感覺，立文提醒著自己，順手將耳機緊緊擠進耳道裡。

哭什麼勁呢？一點也不像男人。

立文腦海裡咒罵著自己，卻惹得自己的心情如風浪般更加翻轉作怪了。尤其是，剛才下定決心要做掉老爸的，居然還在用老爸向來罵他的話來罵自己。明明是自己最痛恨也最看不起的人，卻是甘心讓他這樣繼續做賤自己，眞是矛盾呀。

耳裡聽到的音樂愈是嘶吼，內心愈是因著無法遏止的各種矛盾而痛苦極了，整個人幾乎是要昏厥失去感覺了。

才短短幾秒吧，似乎有一段空白的出神，立文的心情緩緩恢復了平靜，才發現攤開的數學課本上有幾點偌大的血滴。原來，自己不知不覺中，在左手腕間用銳利的美工刀劃了淺淺的幾條線。

這已經不知是第幾次了。立文熟練地抓了衛生紙壓緊手腕的傷痕，再另外抽了兩張紙謹慎地拭去課本上的血跡——先用衛生紙的毛邊吸一吸，再拿鋼筆在上頭甩上深藍墨水，這樣就看不出是血還是其他玩意了。

第一次發生這樣的出神現象，立文自己也嚇了一跳。當時，他最擔心的莫過於在失去意識的狀態下，萬一這美工刀劃太深，命就賠掉了。不過，發生了幾次都只是細細地劃入皮膚表層，他也就逐漸習慣了。

雖然是見怪不怪了，偶爾，立文想起這件事還是有點擔心的。然而，擔心又有什麼用呢？如果去告訴媽媽，她又要大驚小怪地到處看醫生了。

立文最痛恨老是婆婆媽媽的母親了。小時候總有理由不准他出門，不准他稍稍傷風的狀況下去上學，不准遠足，不准和同學打籃球。甚至，不准立文一個人睡覺，只因爲他會做惡夢。一直到國小六年級時，爸爸和媽媽大吵一架後，半夜從自己房間醒來的他發現爸媽的房門反鎖了，他才開始練習習慣一個人和自己的惡夢共眠。

剛剛又發生了同樣的事。

班上的同學陳董打電話來，邀他一起去一家物理家教班旁聽，試試看這位名師是否果眞上道。

想要補習物理是很久就和父母講好的事了，立文吃晚飯時也就不經意地講出來。可是媽媽又習慣性地喃喃幾句，提醒說不要隨便找老師呀，都要高二而馬上就聯考了，又問起陳董這同學功課如何如何呀，家裡是做啥的。

立文忍不住說了一聲：「只是去看看，擔心什麼。」當然，後果可想而知，老爸又開始借題發揮了，態度呀，禮貌呀，怎知道你真的是去補習而不是殺人放火的。

立文常常想，媽媽是不是腦袋少一根筋。

當她開始嘮叨時，立文的臉色早就整個沉下去了，而她還依然故我。立文立刻不客氣地回答「哦」，或大聲說「知道了」，她卻還是一樣。媽媽永遠都沒有感覺，像最新機型的機器人，裝有重複播送錄音的那種機器人，一直要講到立文發火。

其實，媽媽也不一定是故意惹立文發火。立文想起國文課本提過的「項莊舞劍，志在沛公」：如果媽媽是項莊，每一次對著他舞劍、發脾氣，恐怕不是眞要惹立文的任何反應，而是盼望立文終於受不了開始抓狂時，原本啥事都不鳥，安坐一旁好似劉沛公的爸爸終於起身和立文衝突，也順便可以三人糾成一團了。這樣，爸爸又開始理媽媽了。每次，爸爸難得在家裡吃飯，媽媽就會特別容易找事來對立文嘮叨。

一家三口都在演戲。媽媽拚命演出認眞負責的模樣，唯恐爸爸責備她沒有盡到本分；但同時又要讓爸爸有機會發揮一下，讓他知道這個家還是需要他的權威，一切事情才能維持秩序。而爸爸總是要演出爲家庭拚命賺錢的認眞模樣，好像不加班就維持不了家計，就會對不起立文母子。而立文呢，立文演什麼角色？

這是上次參加學校輔導室辦的成長團體時，輔導老師的「心理演劇」。

平常在學校，同學都以爲立文是一個快樂的傢伙，每天有說不完的黃色笑話，是個大家又喜歡又有點看不起的小丑。參加成長團體也是莫名其妙的結果，只因爲有一天去醫務室要找碘酒清一清左手手腕的傷口，就被叫進去參加了。

那一天輪到立文當主角，提供演劇的腳本，他站上台反而有點扭扭捏捏了。好不容易描述了一下爸媽的模樣，老師又要他演出三個人一起吃晚飯的狀態，這一不小心就讓家裡的事全曝光了：嘮叨的媽媽、悶不作聲的爸爸。而老師一直問：那立文呢，立文扮演什麼角色？

其實，立文自己困惑極了。明明是爸媽唯一的小孩，爸媽一天到晚都一副對他充滿期待和關懷的樣子，而親戚朋友也都說立文是獨生子，眞是太幸福了，可是他怎麼老覺得整個人隨時都可能會窒息呢？

立文經常做一個夢，夢見自己在美麗的蔚藍海邊游泳，整個人飄浮著，輕鬆舒服極了。忽然，雙腳被拉住了，全身往下沉，而且很快就變得浮腫，身體全被黝黑的海草纏住了，感覺胸悶沒法喘氣。奇怪的是，他居然也不驚慌，只是靜靜地維持著一種完全被動的姿態，整個人躺著，剛好可以看到也是陷在海草裡的父母冷冷看著他的眼神。

這是只有他知道的夢，立文並沒告訴輔導老師。為什麼在夢裡不會害怕，平常想起來反而一身冷汗呢？立文給自己一個解釋，那個困在海草的一定不是自己，頂多是變身，像漫畫裡面常有的情節，每個人有變身一號、變身二號、變身三號……

雖然有許多變身做伴，雖然也知道自己扮演什麼角色，可是，每次遇到這種吃飯、嘮叨、發脾氣、吵罵的家庭故事，立文還是忍不住又摔掉碗筷，大力踩過碎片，夾著安全帽就出門了。

爸爸追出來繼續罵：「才講你一聲就給我用力摔門了，當我是你爸爸嗎？……」

立文知道，不趕快離開現場，任何的一舉一動都要成為老爸罵人的藉口了。變身一號說，幹掉這老傢伙吧，無理取鬧的混帳。變身二號說，算了，還要靠他吃飯呢，連摩托車也是他開條件才出的錢。變身三號說，天呀，立文怎麼會這樣的窩囊。變身四號說……

摩托車奔馳穿過復興南路，趁一個快轉換的黃燈斜入信義路交口。立文覺得暢快極了，自己只有在貼近死亡的城門下，這種隨時可以沒命的既恐懼又勇敢的矛盾刺激，全身終於發冷起雞皮疙瘩，才可以忘掉一切不愉快的感覺。

多麼舒服呀，沒有了一切感覺的感覺。立文想著，右手不自覺地將油門再一次地催了又催，身下的輪子就要飛起來了，像哪吒踩著他的風火輪，馬上就可以離開李靖老爸，和他手上冷冷鐵鑄的鎮天塔了。

沉默的吶喊

等待著漫長沉默的結束。我輕輕望著李顯失神的雙眼，看他眼皮迅忽一眨，茫然的眼神更是渙散了。我該開口嗎？卻說不出那裡感受到的恐懼，極其戒慎，唯恐攪動他茫然深處的怒恨。

剛才一走進診療室，急切而焦慮的父母便忍不住吱吱喳喳，像雙簧般唱說起他的種種混帳事跡和他們偉大的無奈。我好幾次試圖阻止，從婉轉的手勢，然後兩眼直直瞪視，到最後不得不直接開口要求，他們才訕訕地挪動椅子，身子稍稍往後傾成暫時的寧靜。

沉默。

我說：「爸媽剛剛講了好多關於你們的事，李顯你覺得呢？」

沉默，繼續沉默。

我的雙眼注視著他的雙眼，盡可能輕鬆卻繼續溫柔堅持著，再加上更多的好奇和關心的情感。終於，他才囁嚅地說了兩、三個聽不清楚的字。

「能不能再講一遍？」我輕聲問。

他回過神來，瞳孔裡原先茫然失焦的眼神忽然一變，狠狠瞪了我一眼：「恨死他們了。」

又沉默了，只是周圍環境的情緒開始被攪動了。

坐在一旁的爸爸開始變得焦躁，在椅子上輕輕扭動著身體。而媽媽再稍稍不忍，眼看就要迸出淚來了。一對中年夫婦，一身的穿著看起來品味十足，應該有不錯的教育背景和工作。只是，剪裁高雅的時髦衣裝，一下之間，自己兒子的一句話，當著外人面前大聲喊出的恨，給蹂躪翻亂了。

言語暫時消失，不安的訊息卻在小小的空間裡迅速碰撞。我等待著不安的結束，因為只有心情平靜到某一程度而輕輕啓口的交談，才可能終結這一切的焦慮。

「恨什麼呢，要不要說說看？」終究還是按捺不住，我先開口化解了沉默的焦慮。

李顯緩緩地回過頭來，還是十分緩慢的移動，彷如軀體內的生命全給毀了。於是，又持續了好久的沉默，他才說了一聲：「其實，眞想將他們幹掉，永遠都不要看見他們。」口氣平靜了，反而更可以感覺到忿怒的龐大。

也許是相當嚴重的憂鬱吧，他的話語貧乏而顯得片段零碎。我試著傾聽他內在的聲音，同時注意著外表的一切舉止言談和神情的交會。

他喃喃說著去年重考的事。爸媽堅持要他去某一家補習班報名，和所有的同學都分散開了。他覺得，一切狀況糟透了，老師其差無比，他坐在那裡不論怎樣調整姿態都覺得不舒服，甚至新班級同學的態度也只是彼此排斥和競爭。他陷坐在一個教自己窒息的空間，開始沉默，發呆，看參考書一頁頁的試題都消失成一片空白。

媽媽急急插了嘴，嚷稱那所補習班是台北公認最好的一家、補習費最貴，離她上班的地方又近，就是怕他補習奔波太累，還刻意托人安排註册才擠上位置的。她說，她問過很多親朋的小孩，同樣讀過這補習班的，從沒人跟他有一樣的感覺。

我猜想，認知差距這麼大，恐怕是上補習班以前的他，就已經開始對一切陌生的人和空間，同樣都充滿了不安的感覺了。只是，這是他內在向來的不安的投射，還是新近發展的恐懼？我於是再往前推問。

原來，國中三年級以前，李顯一直是全校佼佼者。雖然有些內向，不擅交際，卻是學校成績榜上的風雲人物。每次老師發考卷，總忍不住說：幸虧我們班上還可以考上一個前三志願，否則老師的臉都丟光了。

李顯更恐懼了：眞的可以考上前三志願嗎？

最先，他只是假裝不經意地問老師：眞的嗎？後來，幾乎一有自習課，就先去問一聲，像一連串複雜動作的開啓儀式。

就在這樣緊張兮兮的問答之間，他果眞是如同老師和父母擔心的，考上了一個極其普通的市立高中。

在國中以前，李顯是家裡的獨生子，是唯一的寶貝，也果眞表現得像一位罕見的寶貝兒子——聽話、乖巧、成績又好。他從來不教父母擔心，因爲父母還沒開口，他就已經明瞭一切命令，並且也按著規矩做到了。他就像一個完美的機器寶貝，沒有脾氣，沒有差錯。

媽媽記起了一件事，約略是國小三年級左右，夫妻兩個人還正是衝刺事業的階段，總是分工清楚地各行其事。某一個早上，兩個人各自急忙上班，也就將門給反鎖上了。直到晚上媽媽先下班回來，打開門，再打開烏漆室內的燈，才嚇一跳地注意到兒子坐在客廳的中央，一動也不動。原來，夫妻兩人排班的疏忽，忘了輪到誰該送他上學。

媽媽說，她那時瞬間就猜知了事情的來龍去脈，卻更驚嚇地發覺自己的兒子居然可以發呆一整天，沒有哭泣，沒有求救，也沒有恐懼。

也許，發呆是最好的自我保護吧。停止思考，也停止了各種感官刺激應有的反應，讓自己學會麻痺自己，一切傷害也就自動消失了。

就像李顯失意地考上自己不滿意的高中以後，整個暑假總是一個人陷在一種教人恐懼的發呆狀態，然後，比平常更慢條斯理的速度過著生活，也以同樣的情形開始到補習班上學、聽課和考試。

補習班成績也不差，但也好不到哪裡去。都是國內知名大學出身的父母，忍不住要著急了，擔心著同事們如果在辦公室閒聊時，會問起自己孩子讀什麼學校；也更擔心萬一再繼續下去，聯考必然考砸，教人不知如何回答親友好奇的探問。

爸爸著急了，很多絕望的字眼成爲他的口頭禪。他苦心婆口，他要求，他利誘然後威脅，最後以自以爲是的激將法，不斷地施壓。

「天呀，你是不是李家的小孩？」「中華民國哪裡有這麼笨的高中生！」「不錯，考這麼低分，下次就不會退步了。」「想好了嗎，這輩子可就要自己做乞丐討錢維生了。」

李顯的青春期在挫折和羞辱中繼續慢步向前，身體繼續拉高，只是，除了白皙的面龐多了幾莖青嫩的鬍鬚，這文靜的心靈表層絲毫看不出其實是掩飾著日益加速的激烈變化。

第一次出事是他脫離了補習班。爸媽忘了當天是先發生什麼事，可是他卻清楚地記得，就在出門的那一刻，還逗留客廳看早報的父親，忽然冒出一句：「到補習班去，多少聽一點吧，不要教人以爲你是一頭豬。」

這樣的話爸爸也許太常講，也因此太容易就忘記了。可是李顯卻清楚的記住了。

是的，我可以不要變成豬，我變成一匹狼總可以吧。

那一天早上，他站在補習班門口徘徊，始終沒跨進教室。最後，終於看見班上那幾位公認的流氓學生來了。這一群人過去是內向的李顯最害怕的，唯恐又被他們難堪地揶揄了。他們也沒打算去上課。

但這一次李顯走過去了，並以聽得出顫抖的聲音說：「你們、你們要去哪裡？我可以、可以跟你們一道去玩嗎？」

他太緊張，結巴就變得更厲害，整個人都要打起擺子了。那群人不知所措地瞪著他，才一秒鐘不到，開始有人大笑，整群人都跟著笑滾成一團了。「這個白癡傢伙！」他聽到了。

他一個人跑了，整個人嚇壞失了神，既緊張又畏縮，直到許久以後回過神，才發現自己在巷弄間胡亂閒逛。這是第一次蹺課，心裡的確十分恐懼，也對這天發生的一切感覺無比的沮喪。於是，一整個白天就在自己喪失全部記憶的情況下，結束了閒蕩。

回過神來，他已經坐在自己房間裡，手邊有半打的罐裝啤酒，門反鎖著。天色暗下來，門外傳來媽媽先回來，然後是爸爸回來的聲音。他們敲了門，問說在家嗎？要不要吃飯。

李顯沒回答，也就再沒聲音了。

這一晚過得很慢，李顯開始喝起這輩子的第一瓶酒。李顯一直想在便利商店買啤酒之類的，慶祝自己的十八歲。可是，一直都是猶豫。現在沒有人要陪他，爸媽不理，連那些混幫派的同學也不理，只好自己陪著自己了。

後來的事，李顯全酒醉忘了。

媽媽說是清晨兩點多，早已上床睡覺的時刻，李顯忽然大聲敲門。他們以為發生什麼事了，急急打開，然後就看見喝醉酒的他，完全不一樣的神采了。

李顯以極其可怕的聲音咆哮，含糊的口吻卻有著清楚的意圖，一直面對著爸爸，似乎在痛罵著許多事情。爸爸也不理，只是對罵回去。

可是爸爸忘了兒子的個子已經比他高大了。沒多久，他已經被兒子狠狠地揍倒在地，整個人縮在牆角。

後來，李顯也不去補習班了，隨時半夜喝醉，又演出同樣的暴力，然後第二天全忘記了，醒來反而還嚷嚷著要在家努力衝刺聯考。

爸媽開始惡夢連連，最後終於來到了精神科門診。爸爸有些尷尬，媽媽則是激動，好不容易才忍住淚。

他只是回答了一聲：恨死他們了。

診療室裡，整個世界陷入一片無限沉靜的死寂。

面具

「醫師你有沒有聽過這個笑話有一個人急急忙忙去上學結果忘了帶書包就告訴老師說報告老師我在路上遇到搶匪了而老師說那麼你怎麼沒有變成警察呢。」才稍稍喘口氣，立刻又接著說：「還有還有一個笑話同學昨天才說的是隔壁女生班的眞人眞事就是陳淑芳和她男朋友出去遇到教官……」

每次一遇到方偉，就看見他開始全民大悶鍋地賣弄所有瘋傻的本領。永遠都是一個接一個笑話，手腳跟著飛舞起來，隨時眨眨眼或齜牙咧嘴，沒多久又站起來東翻翻病歷西摸摸我桌上的聽診器。

他是在姨媽的陪同下，前來精神科門診的。

姨媽耐著性子，只是放鬆地坐著。方偉隨時一個轉身，對著她說：「咦！今天姨媽很年輕很像用了SK-II唷對不對醫生？」

方偉從來沒有停止過說話。他說的話像是一篇忘了逗點的作文，可以不必停頓呼吸；他的身體像是處處埋著彈簧，總是在沒有預期的關節處，忽然彈跳出現動作。

「喂醫生你今天怎麼不講話是不是換漂亮的醫師服就可以耍帥咦好像是三宅一生名牌唷。」終於更大膽了，直接就對我發言：「噢我知道是醫生也擦了SK-II才故意不講話怕皺紋跑出來了。」然後伸手過來就直接往我的臉頰摸了過來。

我還是靜靜微笑，不動。

我想，也許是他的焦慮吧。第一次走進診療室，一個全然陌生的地方，所有的緊張和壓力終將持續。只是，這麼容易就被挑動的焦慮，長久緊繃的自律神經一旦動員了，又將在什麼樣的情況才會停止呢？

「唉唉醫生不錯喔姨媽可以考慮改嫁給他……」他對我終於產生興趣，我快快抓住這一點，貌若沉穩地問：「喔，怎麼說，這個醫生不錯？」

我當然知道，像他這般好動的國三學生其實是罕見的。許多好動的小孩隨著年齡的成長，約略是小學五、六年級左右，中樞神經發育更成熟了，就可以定下身心的不安開始融入同儕之間。有些神經系統仍不夠成熟的，也會發展出自己的應對辦法，懂得在某一範圍內掌握住自我。國小中低年級的老師們現在都知道這一點，也就不會對這一群天生氣質好動的小朋友做出守規矩的要求了。

方偉卻是不同的，已經是個子高大的國中三年級生了。每一次笑鬧起來，最先是讓人覺得好玩，然後是把人煩透了，最後就是惹得人發脾氣大罵：「乖乖坐好，國中三年級了還不懂規矩。」風度好一點的，可能是板下臉孔，說：

「長大了，該懂事了。」

然而，我只是沉默地笑笑。他誇張的故事和表情，我沉默笑笑；他更焦慮地加快笑話的速度，我沉默笑笑；他忍不住來摸摸我的醫師袍，我的臉頰，我還是沉默笑笑。

坐在一旁的姨媽，好幾次都要罵方偉了。雖然沒有開口就被我的手勢制止，我大概也可以了解是要說他不像話、不守規矩或不懂事之類的。然而，這一切指責恐怕是有上千次了，今天的方偉還是依然我行我素，恐怕不是在門診時再罵一次，問題可以就解決的。

「怎麼說呢，難得聽到有人誇讚我，就多說一些讓醫生虛榮一下吧。」

當然，他立刻回復耍寶的模樣了。

我盡量沉默著，卻是仔細聆聽他的每一句笑話。平常這一切笑話都像是高級儀器錄下來隨時播放的表面話，沒有摻雜一絲自己的感覺。然而，他平常習慣的那種遲早被罵的結果竟然沒發生，忍不住起了好奇，平日躲在小丑面具底下的眞正感覺就跑出來了，雖然還是帶著笑謔的態度：「唉唉這個醫生不錯喔……」然而，我一問他怎麼個不錯法，他又縮回去了，躲到自己最熟悉的面具後面。

過動兒的診斷是容易，但過動兒的處置，其實是教兒童精神科的醫師們頗爲難的。從發展學來說，大部分的小孩到了國小五、六年級就全沒問題，不需要太擔心。然而，怕的就是這樣的過動很快就被視不合群、不乖或不聽話，於是貼上標籤，被視爲壞孩子，從此要生活在一個被同儕排擠的環境，於是，更加使壞或耍寶，或者退縮了。這方面有太多典型的案例了。

方偉的情形更複雜。

根據他姨媽的說法，方偉的爸爸脾氣實在是暴躁極了。方偉生下來沒多久，爸爸就開始受不了孩子整天哭鬧不停，於是不斷地責罵媽媽不會帶小孩，最後還逼她辭職，留在家裡全心照顧小孩。然而方偉的情形，據說還是沒改善，爸爸還是繼續生氣煩惱。當然，後來這對夫妻還是分手了，小孩也就在兩邊的家庭輪流住。

最先兩邊家族還搶著照顧，後來不知爲啥的，也許是方偉不自覺的挑釁，趕跑了那些姑叔姨舅的，最後僅剩陪他門診的姨媽了。

這樣的觀察，再加上姨媽簡單的說明，大概就可以知道方偉的問題所在了。

最先是天生氣質的好動，後來處處受排斥了，和平常的小孩一樣也想要交朋友的他，也就自然學會了以裝瘋賣傻的方式來博取友情。這是最表面的人際關係。

既然所有的活動是惹人怒罵或嘲笑的，也就不可能有所謂的自信了。姨媽最大的擔心就是方偉的功課，喜歡的科目好得不得了，國文卻是經常文字不通而錯別字一堆。尤其是學測當天，憑他的數理成績一定是沒問題的。可他就是嬉皮笑臉的，到了中午才打電話問同學是哪一天要考試。

這樣的糊塗行爲將自己的前途都丟了，還嘻嘻哈哈的，當然又是惹得爸爸一頓咒罵。然而，恐怕在方偉更深的意識裡，小丑的面具底下還是一顆在乎著數學成績的心。偏偏，他實在是太沒信心了。考試一到，小丑面具雖然可以掩飾他的緊張，終究還是沒法阻止他害怕失敗的得失心。於是，有意無意的，居然忘了考試這件事。

也許，更慘的是方偉最最深處的罪惡感吧。

從小到大，每一次爸爸看他不順眼，立刻就提到媽媽的事：「都是你太不乖，媽媽才要離婚的。」當然，急性子的爸爸以爲這是立意良好的激將法，想教他「乖」下來。可是，這樣的說法，卻也間接地宣判了他要爲還沒有記憶以前，所犯下的永不可饒恕的罪疚自責。既然連他都搞不清楚自己發生什麼事，這個過錯也就更不可挽回了。於是，一輩子的原罪，在他記得任何事之前就存在的原罪，使得他選擇了墮落、自我放棄的生活，讓自己永遠活在自我處罰的自我放逐中。

愛，會讓他害怕，只好立刻搞砸它；關心令他感覺自責，只好繼續表現無可救藥的模樣，讓關心他的人終於傷心離去。

我坐在診療室裡，翻了一翻上週完成的心理測驗，其中的智商測驗，語文和操作兩項，一項一三五，另一項甚至是一四一，很難得遇到的高智商小孩。

我只是保持沉默、微笑和傾聽。等他所有的手法都玩盡，偶然出現一點眞實的感覺才稍稍回應——雖然，小丑面具下的敏銳心靈，輕輕一探就又立即縮了回去。但我繼續等待，等到有那麼一天，方偉開始發覺別人對他的嘲笑、憤怒、拋棄、責備，這一切痛苦並非是絕對不可避免的，甚至他自己還可能算是安全的來面對這一切，那時，我才會開口，開始說說他給我的感覺。我不是要談自己對他的期待，我只是想讓他感覺到：他的每一句話都是值得傾聽的。

也許有那麼一天，方偉終於會開口問他媽媽的事：「爲什麼只有姨媽陪來，沒有媽媽？」這表示方偉敢要求媽媽，表示方偉不再背負沉重的原罪，甚至知道這根本不是他的錯；那麼，我會知道，方偉可以擁有快樂的能力，可以獨自前行，也是漫長的心理治療可以結束的時候了。

然而，路還很遙遠，我拒絕以所謂的進度表來處理我們之間的會談。在診療室裡，兩個人坐著，其中一位繼續開玩笑，只是話變慢一點，標點符號偶爾加了幾個；另一位問話的次數，似乎也稍稍增加一點。除了這樣，一切似乎都還是一模一樣。

只有等待。

有時，沉默的等待，是最深的心理交談。

怨忿少年

之一

少年的忿怨不是全然沒道理的。

有線電視台安排了一系列關於青少年的影集，第一部播的是「怨忿少年」（Le Garçon Qui Ne Dormait Pas），一切的故事雖然是發生在法國，卻又教人如此熟悉。在電影的敘述裡，導演和編劇安排了一個幾乎無從挑剔的愛心家庭，典型的富有人道關懷的知識分子夫妻，還有一位渴望擁有哥哥的天眞小孩。他們來到了孤兒院，看到舞台上表演的男孩，而展開了這一切因領養的善心所慢慢醞釀成形的悲劇。

男孩最後捨棄了這些愛心，承受了又一次的被拋棄，屬於潛意識最深處的原始腳本又一次重現了。不幸的結局於是發生了。

所謂的不幸，往往不是個人的心意所能左右的。傳統的童話裡，壞人總是有著壞心地，才成爲迫害小孩或好人的角色。然而，現實的不幸卻是往往找不到一個足以怪罪的壞人。

鏡頭逐步展開，開始引導我們去思考：爲什麼一群都還算不錯的好人在一起生活，悲劇依然不可避免地發生了？

在「怨忿少年」這部影片裡，長期失依的小男孩，在其他孤兒的羨慕之下，被一個相當優渥的家庭領養。悲劇卻是如鏡頭所預言的，一切都來自日常生活的扮演問題。

知識分子夫妻對男孩的第一印象，是透過男孩舞台的表演。所謂的表演，不只是演出者本身所根據的角色和劇本，也因爲觀衆觀賞過程中不可避免的期待，才可能完成受歡迎的成功演出。

期待的眼神就是一種欲望，將自己的價值觀忍不住投射在對方身上的需求。

在成長的過程中，一旦自我的概念形成了，孩子們就會努力扮演父母親期待的角色。依自體心理學科赫（Heinz Kohut）的說法，這是每個人的強大身體，必然要在他者肯定的凝視中，才得以維持和成長。

在一般的家庭裡，也許有許多故事發生在自我還沒形成以前或形成過程中的；然而，一旦這個階段完成，要生存和成長的孩子，必然也開始懂得如何去迎合這一切期待的眼神了。

怨忿少年卻是不同的。他一直在尋找，一直在追求最早以前失落的原始母親。儘管這母親吸毒，永遠處在混亂狀態，甚至以死亡的方式拋棄他，記憶裡最早的依戀關係，也就是他的自我形成過程的原始印象，依然是他想要重新尋回的。

因爲這追尋的力量太強大了，以致於偶爾想迎合新父母的企圖就顯得微弱多了，分離的悲劇也就在一開始就決定了。

沒有人是壞人。只因爲每個好人都用他（她）的善良來要求彼此，遲來的少年反而從來沒有機會去了解這要求，包括對這世界做初步的勾勒。於是，當他依據自己潛意識的腳本誠實演出時，社會公認的「自甘墮落」的孩子就出現了。

螢幕的彼端，影片中低頭前進的孩子忽然一回首，眼神裡沒有太多的悲傷，更談不上憤怒，只讓人感覺到無限沉重的空洞。

之二

臨床心理學的教科書裡經常寫著這樣的小孩，在談及孤兒院的土壤裡長成的人格和適應問題等，所根據的文獻大部分是二次大戰期間至結束時發表的。也許，在那樣的時代，愛國還是一種被讚賞的激情，體恤遺族成爲媒體爭先恐後的主題，孤兒院裡的孩童也就一度獲得了再生與現身的機會。

就像在台灣，在六〇年代共同的成長記憶中，蔣宋美齡夫人身旁似乎永遠有一群失親的軍人後裔，一個個男孩女孩高高低低排列著，素衣黑裙，永遠露出閃亮的白牙，微笑著等待閃光燈瞬間的爆發。

似乎，孤兒院代表了某一種幸福，一種不尋常方式的幸福。就像一位眷村長大的朋友，談起他暴怒無常的士官父親時，他說，那時候開始學會了孤獨，一個人爬上屋頂發呆，幻想自己的父親像電視連續劇「晶晶」一樣暴斃死亡了，之後自己就可以悲傷地擁有很多幸福，甚至可以成爲「蔣夫人的孩子」。

然而，所有孤兒院的故事僅止於這種美好的影像。甚至，在這樣的假象之下，台灣其他的孤兒院似乎並不存在，只有這個教人在某些特殊時刻特別羨慕的蔣夫人孤兒院，是唯一的存在。似乎，在台灣，成爲一位孤兒，特別是軍人子弟出身的孤兒，有一種摻雜著些微悲傷的龐大幸福。

心理學的教科書對孤兒院孩童成長的觀察是純粹西方的，英文字母構成的敘述也就顯得陌生，無法連結到台灣，更沒法延伸到那些明亮笑容深處的重重摺痕。

二戰後留下龐大數目的孤兒，成了英國政府當時的難題：即使提供了衣食和住宿，孩子們似乎仍少了些什麼。一群兒童心理學者開始參與撫育的過程，也影響了他們自己日後的理論發展。譬如溫尼考特（D.W. Winnicott）提出「沒有所謂單獨存在的孩子」或「偏差行爲是希望的徵兆」等觀念，或是鮑比（John Bowlby）的「依戀和分離」理論，都是他們長期指導孤兒院工作人員而累積出來的心得。簡單說，沒有這些孤兒慘痛的成長經驗，即使是兒童心理學或精神醫學的專家，也不敢確定在我們平凡的成長當中，竟然已經蘊藏著許多深刻影響我們的平常事物。然而，孤兒們以一輩子得不到的匱乏狀態，來證明一般孩童的擁有。

這一切理論，幾乎是所有兒童發展、精神醫學或心理學的教科書，因爲經常書寫而成爲例行章節了，甚至是人人熟背的。然而，一切又是極其遙遠，彷如不可能發生在台灣。

我抓著遙控器，將一切螢幕粒子完美消除，想起了自己曾經經歷過的激烈的生命經驗。

之三

離開住院醫師訓練以後，一度到花蓮工作。這樣的小城鎮，病人的數目沒法滿足自己的工作欲望，也就主動參加了地方社福團體的工作。也因爲如此，教科書描述的情形，忽然全湧現在眼前。我開始領悟：原來在門診看到那些兒童或青少年，不管他們的親子關係多惡劣，不管家庭品質多麼差，畢竟還是「有」這樣的基本功能的存在，能夠教大人帶著他們到門診來。至於那些從出生就遊蕩在村落和管教或領養機構之間的，即使醫院人員再友善、臨床經驗再高超，他們竟是從來也不會踏入我們的門診。

在診斷手冊裡，屬於兒童部分的章節，我開始發現許多以往不曾用過的描述和診斷。

一位鳳林鎮的國小老師打電話來，談起她在班級窗口發現的小孩。不是學校的學生，而是自己偷偷貼近窗戶發呆聽課的小男生。她說，上課時偷偷瞄一眼，他就驚慌失措地溜走了。那一身全然沒有梳洗的污垢，讓人留下深刻的印象。

年輕的老師覺得男孩應該是對這個教室的氣氛、對一群同年紀的孩子，甚至對上課學習這件事是充滿興趣的。同時，一個疑問也就浮上心頭：是誰家的小孩？在國民教育普及的年代，怎麼會有適齡、失學但又好學的個案？

這位老師打電話來，原來是她跟蹤了這個男孩，發現了男孩的居住處。一個流動工地旁不經意建築成的木板小屋，裡頭住著一位看不出年齡的畏縮媽媽，而男孩就躲在裡頭。

老師說，她問了附近居民平日的觀察，猜想母親是精神病患或智能不足者，被工地的某位或某群男人撫養兼「使用」，才會出現這樣一位不曾登錄在戶籍上，甚至也不曾和一般人來往的男孩。

老師電話裡問起了協助母親的可能方式，順便問起了這個男孩。我忽然想到法國新浪潮導演楚浮（François Truffaut）早年的一部電影、根據眞實案例拍的「野孩子」（The Wild Child）。一位被遺棄在森林、也在森林長大的孩子，如何從野獸父母的懷裡，被迫接受訓練學習「人」的舉止和規矩，卻也在開始有點「人模人樣」時，憔悴地死去了。

摧殘他至死的，也許是社會上太多複雜的規範，也許是無法取代森林的光亮華廈，也許是那位「教育」他思想的理想主義醫師，也許，也許是失去了原有父母的依戀關係。

即使是野獸父母，那種發自內心的愛和關心，還是一個人活在這個茫然世界上，依然可以擁有歸屬感，擁有安全感的基本存活要件。

在學校窗口睜大黝黑眼睛探望的男孩，雖然只有著簡陋的木屋和處於生病狀態的母親，但那卻足以提供他一個允許安全成長的依戀關係了。就像九〇年代的好萊塢電影「大地的女兒」（Nell），儘管精神分裂兼失語症的母親是唯一的照顧著，茱蒂・福斯特（Jodie Foster）還是以一種特殊的方式成長了。

在孤兒院成長的孩子，他們的創傷是源自於失落。任何幸福美滿的成長，任何溫馨豐饒的依戀，一旦有了裂痕，出現可能失落的威脅，甚至果眞永遠地失落；又或者在不停更換著的保母之中，面臨隨時可能失去的關愛，就會出現這種孤兒院症候群。他們變得對一切採取無所謂的態度，對任何可能的愛都因爲害怕再次被拋棄而嗤之以鼻。甚至，永遠只追求一種自己可以牢牢掌握的依戀關係，一種足以教人窒息的愛。

於是，我們又有了另一部電影，以澳洲音樂家眞人眞事改編的故事「鋼琴師」（Shine）。那一位緊緊擁抱著每一位兒女的父親，他那一種教人窒息，甚至讓人覺得受虐的愛，不就是因爲當年他隻身逃離德國納粹大屠殺，這幸運的倖存所伴隨而生的不安全感？

在台灣，孤兒院似乎是愈來愈少見了，但是，隨著家庭成本的提高，家庭功能不得不縮小，小孩的成長是缺乏時間的父母，不得不以高效率來應付的。於是各種或嚴重或輕微的孤兒現象，其實正出現在每個家庭之中。

少年的怨忿，不是想像中的不尋常。

延伸閱讀

・《鋼琴師：大衛・赫夫考傳奇》（*Love You to Bits and Pieces: Life with David Helfgott*），（1998），吉莉安・赫夫考（Gillian Helfgott）、阿莉薩・坦斯卡雅（Alissa Tanskaya），天下文化。

・《大地的女兒》（*Nell*），（1995），瑪麗・安・伊文絲（Mary Ann Evans），國際村。

虎父如何教出虎子？

在診療室裡，我向一位高階管理人爸爸解釋他兒子的「注意力缺失症」：因爲大腦生理結構的緣故，注意力無法持續，腦海裡的念頭跳來跳去的，也就不容易專心。這位白手起家的爸爸，毫不思考的，就回答說：「可是，我也是從小就這樣，爲什麼成績還不錯？」

這位台灣西部濱海鄉鎮長大的爸爸，雖然每天在鹽田或防風林玩耍，憑著他傑出的天賦，在鄉下的國中國小一直輕易地就名列前茅。到了台中一中，雖然曾一度亂了手腳，可是憑他過去「永遠第一名」的自信心，還是又努力拚上全校三、四名，考上第一志願。就這樣，這一股強韌的自信，一直都是他在商場上梟雄性格的主要組合。

不幸的是：終年在貧瘠農田耕作的父母，是從來沒想到有這般傑出的兒子；然而，他的兒子卻有一位成功的高階管理人做爲爸爸，也就不是那麼容易滿足了。

爸爸的成就，來自貧脊土地的鍛鍊；然而，這一份因爲貧脊土地帶來的恩賜，卻是不可能再一次出現在他兒子的身上了。

因爲傑出爸爸帶來的優渥環境的緣故，這小孩在台北知名的私立中小學就讀。雖然他也遺傳到爸爸傑出的基因，擁有優秀的智商，可是，在這些名校裡，四周的同學也不乏教授博士或大老闆的後代，這樣的資質放在這樣的班級也就不明顯了。他的聰明不會被老師看到和重視，倒是他的好動愛講話卻是經常被老師公開糾正。

爸爸生長在四周充滿期待和崇拜的環境裡，兒子卻成長在永遠不斷被斥責和失望的眼光下。同樣的資質，卻是發展出完全不同的自信心。

我問爸爸說：「也許你表面上沒有注意力不足，但身爲公司的領導者，你的管理風格是怎麼樣的特色？」他立刻得意地說：「我可以一心多用，同時指揮四組到六組工作，永遠不會弄混。」

他一回答，似乎就明白了兒子的問題。同樣大腦結構造成的容易分心，在有自信心的他身上是可以「一心多用」，可是到了沒自信心的兒子身上卻是「注意力缺失症」。這中間的差別，只因爲自信心的不同；而自信心的不同，只是兩人的爸爸不同。

爸爸的爸爸是略識文字的農夫，爸爸只要稍稍努力一下子就可以超越了；兒子的爸爸則是台大畢業的高材生，台灣圈內人皆知的傑出專業管理人，是再努力也不容易超越的玻璃天花板。

究竟，我們的爸爸和媽媽可以影響我們的未來有多少呢？每次在諮商工作裡看見這樣的個案（可能是中學生，父母正爲他漫不經心的學習態度煩惱；也可能是回國接班的第二代，正和上一代鬧得不愉快），我就慶幸自己有一位不太偉大的爸爸：師範畢業而已，而且是創業失敗的破產紀錄者。

爸爸的成就是小孩成長物質條件的保證。但是，在心理學上，爸爸偉大的成就程度，對孩子們（特別是兒子們）而言，卻是自信心終於破殼而出，開始可以往上累積的最低要求。

「望子成龍，望女成鳳」的現象，雖然是隨著孩子的長大，父母很快就修正了。可是，從很小的時候，當孩子開始社會化時，甚至更早以前，同樣的觀念就內化成爲小孩子認爲自己應有的基本要求。

一位考上台大電機系的建中學生，如果他的爸爸也是台大電機系之類畢業的，這位兒子只會認爲這是他應該做得到的事。可是，如果爸爸只是鄉下學校的小小教員，兒子可能因爲過去一直傑出的成就，早已經意氣風發，對未來充滿憧憬了。

虎父虎子？這句話似乎要修正了。

如果從成就和自信心的關係來看，應該是「鼠父虎子」或「虎父鼠子」才對。但是，我們看看四周，似乎又不是絕對如此。

究竟虎父要怎樣才能訓練出虎子呢？

讓我們再回到這位被認為是「注意力缺失症」或「過動兒」的兒子吧。不只是他爸爸，也包括他媽媽、家族的其他長輩和學校老師們，都是將他們的關心專注在學校成績上。在我們的社會裡，雖然大部分的人會說對小孩子要「多元教育」，但都沒自我察覺在重視所謂的「多元」時，卻沒有掙脫各種計算出來的成績所帶來的強大陰影。

也許父母會送小孩去學小提琴、鋼琴或參加夏令籃球營，但是，一旦學習成績不理想，立刻就會有「書都讀不好了，還安排那麼多活動」的反應。

虎父虎母如果沒法掙脫學業成績的龐大陰影，沒法打從小就欣賞自己子女各種奇奇怪怪的能力，那麼虎子可能就要變成鼠子了。如果父母可以給他們這種嘗試，開始「看見」子女身上那些自己不曾想像過的特色，也許是很會逛街認路，也許是購物比價的高手，也許只是愛看星星沉思。當父母真的可以充滿喜悅地發現或欣賞自己子女的優點，小孩也會因此覺得自己是一個很棒的人。如果這樣，在大部分的情況下，虎父果真是可以盼到虎子的——雖然是馳騁在不同的生態環境裡！

親愛的虎父虎母們，真的希望你的子女成龍成鳳嗎？至少你要做到下列幾點：

一、不要作讓孩子挫折的父母；

二、不要將孩子留在他們只有挫折感的環境裡；

三、讓他們的環境充滿「適當的挑戰」：雖然有點難但終究可以克服的挑戰；

四、也許他們挑戰失敗了，你可以誇讚他的努力；如果成功，你果眞也跟他一樣狂喜萬分。

這些看起來頗有教戰準則模樣的建議，其實只是再一次提醒：父母不要因爲擔心孩子們原本就會出現的毛病，而剝奪了孩子們的成長機會，剝奪了與社會接觸的機會；另一方面，又不要太輕忽自己的職責，將孩子直接丟到現實的生活中。如此而已。說起來不太難，但執行上的確是不容易拿捏。

快壓垮了我們的家

一場颱風深夜過境，到了清晨，風雨轉弱，一切似乎都要過去了，忽然聽見一陣奇怪的深沉聲音，而且，不停地靠近作響，如同千軍萬馬齊奔，還來不及反應，就發現自己的家已經被壓垮成瓦礫了。這是一九九七年夏天，台北汐止發生的故事。

不過，快被壓垮的，不只是鋼筋水泥。

翠華姊姊回到家裡時，整個屋子的燈還是暗暗的。才國中一年級的她，快快煮滾開水，同時也開始洗米燒飯。她的手腳俐落極了，稍高的流理台一點也難不倒身高稍矮的翠華。只是，教她掛心的是，在附近國小讀書的梅芳妹妹，按理兩個鐘頭前就應該回來了，怎麼到現在還沒有看見人？

翠華的擔心沒有維持多久，妹妹就自己拿著鑰匙開門回來了。妹妹沒說什麼，只是說到隔壁同學家看電視。姊姊才正要訓示毫不在意的妹妹，責備她的遲歸教人擔心等等，媽媽也跟著回來了。

今天媽媽的臉色不太好看。雖然沒有在生氣，但是垮著臉的模樣卻讓人以爲是在生悶氣。翠華很習慣地退到一旁，整個人安靜下來。看媽媽匆忙做菜的模樣，她覺得好像是在變魔術，俐落又豐富。

沒多久，一切都準備好了。翠華快快擺好了碗筷，同時吆喝賴著看電視的妹妹。三個人很有默契地開動了，誰也沒提到爸爸。不知不覺的，姊姊說起了妹妹今天晚歸的事，媽媽也就開始責備起來：「難道你們沒注意到嗎，最近報紙常常出現壞人傷害小孩子的事？難道不怕報紙上講的那些壞人跑到我們家附近？難道功課不重要，又要賴到三更半夜？」妹妹最先只是悶悶地吃飯，最後就嘟起嘴，甚至索性放慢了碗筷。可是，上班累了一整天的媽媽好像石門水庫，一旦開始洩洪，所有的煩悶和嘮叨都抵擋不住地一瀉千里了。最後，只見妹妹淚汪汪地站起來，收拾碗筷，說了一聲：「學校的老師說，現在兒童福利法規定，不准父母讓小孩單獨留在家裡。」

妹妹只是小聲地說了一下，媽媽整個人就抓狂了。她邊哭邊罵，說自己上班多麼辛苦，要不是爲了房屋貸款，爲了全家生活的支出，也不會到現在才回來呀。翠華姊姊整個人嚇壞了，她還是鼓起勇氣去牽牽媽媽的手，想拉一拉媽媽。可是媽媽繼續說著，如果我們經濟能力好，就可以買一個台北市區的房子，媽媽就可以下班立刻回家，也不用擠一個多小時的公車，又累又慢。還說，你們的祖父母一直要爸媽再生一個弟弟，可是誰養得起？當初，如果你們有一個是男的就好了。

小姊姊用整個身體去拉住媽媽，要她休息，要她不要再說了。後來，也覺得好像沒法做任何努力，看見妹妹躲進房間了，她也只好跟媽媽說一聲要做功課，跟著進房去了。一人在客廳的媽媽，慢慢安靜下來，沒多久就聽見了洗碗筷的聲音。不久，好像是爸爸回來了。姊姊趴在書桌上，又聽見媽媽的哭訴和爸爸不耐煩的聲音，心裡好擔心，是不是又要吵架了。所有的書根本都看不下去了，只是無盡的焦慮和胡思亂想。

爲什麼爸爸媽媽都要上班呢？爲什麼我們沒錢買媽媽公司附近的房子呢？爲什麼自己不是男孩？爲什麼要讓爸媽操心呢？爲什麼自己要活著？爲什麼人要結婚？爲什麼要生小孩？爲什麼爸爸永遠有加不完的班？爲什麼……

一千個一萬個爲什麼，整個晚上浮在翠華的小小腦袋裡，覺得這個家的牆壁隨時都會消失，不安全極了。

翠華這樣的小孩，大概永遠不了解爲什麼房租太貴而房屋售價偏高。爸爸和媽媽當年也是在唸大學時認識，像電視連續劇上的才子佳人一樣，轟轟烈烈地戀愛，然後結婚。可是，兩個人每月薪水加起來也十萬出頭了，既要維持一個良好品質的生活支出，又想早一點買房子而無後顧之憂，最後也只能挑郊區的房子來分期付款。可是，一直沒改善的大衆運輸，讓兩個人每天的上下班成為痛苦的經驗。最後，爸爸只好買一部漂亮的中型房車，上班時可以兩人一起到台北市區，但下班就沒法彼此配合了，而且，分期付款的支出又增加了家庭的開支。

剛開始，把小孩放到祖父母家。沒幾年，孩子終究長大了，還是得帶回來自己照顧。上下課之外的空檔，總存在大人永遠來不及趕回家的大裂縫，孩子只好被丟到安親班，這又是一筆昂貴的費用。總之，好不容易等到小孩大一點，以為可以省下某項支出了，沒想到又出現新的名目，補習費啦，課外英文啦。好像每年再怎麼加薪，在仔細計算之下，所有的薪水袋子還是全被掏空了。當年剛結婚時的夢想，包括出國進修，每年固定的蜜月旅行，兩人可以安靜坐下來親密的時間等等，都慢慢被遺忘了。甚至，開始覺得自己面目猙獰，沒一刻能恢復當年的灑脫，隨時處於備戰的狀態。

昔日美麗的媽媽，不知怎麼的，在某一年就失去所有的光采，開始不再嫻靜，只是用無數的嘮叨和焦慮過日子。而瀟灑的爸爸，雖然在辦公室裡還是一樣的風趣受歡迎，可就是太喜歡上班了，幾乎沒有一天不加班。他說，競爭很厲害，現在才畢業的E世代可是很機靈的，自己一定不能鬆懈。可是，一方面又想，只要不斷加班，不但可以增加收入，也可以不用回家面對那麼多永遠解決不完的痛苦。

翠華忘了那天的功課是怎樣寫完的，可是她記得自己做一個夢，關於自己家的夢。天空中好像有一綏慢下降的沉重壓力，整個屋子就逐漸繃緊而將要垮掉。夢的下一個場景並沒有任何的瓦礫，然而家就整個消失了，四面牆都不見了。在飄浮的空氣中，走起來並不覺得費力，只是一回首，她看到媽媽，又看到另一邊獨自玩耍的妹妹，還有，更遙遠地奔跑離去的爸爸。感覺來來往往的人群很多，但是，自己唯一能辨認出來的幾個人卻彷彿彼此陌生。

而妹妹在那晚又夢到了什麼？朦朦朧朧的，並不太清楚。好像是很累了，終於回到很小很小的時候，很舒服地被強健的臂彎緊緊扣住，耳朵聽著熟悉的歌聲。啊，聽清楚了，是阿母哼唱催眠的歌聲，妹妹不願睜開眼，緊緊閉著兩瓣眼瞼，唯恐一睜眼，所有感覺到的舒服和安定就煙消雲散了。

唉，快壓垮了，這個家。

電視新聞當天播出這段畫面時，大家都怔住了。提款機的隱藏攝影機，全程記錄下整個血腥的過程。而攝影鏡頭是魚眼的，畫面的周邊有些環狀的扭曲，像圓圈一樣，彷如整個地球都充斥著這個殘酷鏡頭了。

兩位年輕的女子，原先是平常模樣的提款動作，忽然一陣驚慌，陷入無路可逃的包圍裡。而畫面背後，隱隱約約的窺見了一位少年，不，是兩位少年。前面一位手上拿著不知是什麼的工具，只是一個勁地向前揮舞，用力戳下，彷如那女子的背部是一塊讓人洩怒的大枕頭。影片雖然是靜默的，但可以感覺到那女孩恐慌的驚叫。而他無動於衷，重複著同樣激烈的動作，彷如那只是一段舞蹈，一種姿勢，一個與他人全然無關的自我世界。

後來的報導我沒詳細追蹤。有同事說，被逮捕的那位少年，在記者的逼問下，只是輕描淡寫地說：「沒什麼，好玩嘛。」「我哥哥不也是這樣被殺的。」最後是，「我累了，不要吵我。」

沒有觀眾們預期中的懊悔，沒有記者事先計算的眼淚，這幕演出失去了動人的驚悚高潮，也就沒有媒體或所謂的權威人士繼續討論追蹤了。彷如，對這位少年而言，殺砍別人就好像習慣性地捏死一隻螞蟻罷了。然而，對媒體，以及對我們這些心情和注意力永遠隨著媒體焦點起伏的觀眾而言，不也都是在一聲驚歎以後，就殘酷地忘記了這件事？

如果現在，我們再度想起那兩位女子的驚慌，在平日的安逸腳步中忽然遭臨暴襲，承受刀子隔著布衣戳在背脊肌膚上的痛。如果我們再次去感受這種血肉撕裂的痛，如果再次感受這種無助和恐懼，不覺得自己這般輕易地遺忘是很殘酷的本性嗎？

一九八三年的諾貝爾文學獎得主，英國小說家高汀（William Golding），在他的作品《蒼蠅王》裡就描述了一群島上的小孩。這些小孩子和我們一樣，都是典型的中產階級撫養長大的學齡孩童；唯一不同的是，他們不小心被遺忘在孤島上了。

一群小孩，沒有任何大人的管束，也沒有任何社會規範，殘暴的舉動也就變成了嘻嘻哈哈的遊戲。於是，完全不同於《魯賓遜漂流記》的故事出現了，傳統浪漫的荒島生活變成了殺戮戰場。

同樣情節的描述也出現在三島由紀夫的《午夜曳航》裡。在目睹了母親和他所崇拜的異鄉水手發生性愛關係之後，書中這位困惑的小孩和他的友伴們，在山上的荒堡裡，冷靜地完成了將一隻活貓凌遲至死的儀式，然後也用同樣的冷靜，甚至是喜悅，殺死了那位水手。殺貓和殺人都有著相同的快感，使得他可以完全占有母親。

精神分析的創始人佛洛伊德，不也很早就提出了戀母弒父的伊底帕斯情結？我們總以爲這種說法太危言聳聽了。對百分之九十九以上的人來說，弒父是從來沒有浮現的念頭。然而，佛洛伊德所強調的是象徵層面的謀殺，是我們爲了保有自己所依戀的一切，而可能做出的各種違逆社會規範的舉動。

瑞典知名導演柏格曼（Ingmar Bergman）就曾經在他的自傳裡，坦誠了自己的殺人意圖。四歲那一年，妹妹出生了，「我從母親的床上被驅逐出境，父親每天對著妹妹不斷地微笑。」他於是決定在一個無人在家的情況下，設法殺死妹妹。只可惜，爬上椅子的柏格曼，在妹妹恐懼的哭聲裡，一陣慌張就踉蹌倒地了。柏格曼的自傳繼續寫著：「今天回憶起這樁事情，起先多少還帶有一種明確的樂趣，可是接著卻很快地轉變爲害怕。」

就像柏格曼一樣，人們偶爾還是可以感受到這股深沉的喜悅，只不過很快就因爲害怕而徹底否認曾經出現的剎那的喜悅感。

只是，這股害怕是那裡來的呢？

進入一九九七年以後，台北和高雄曾經有過管制青少年午夜自由外出的宵禁政策。只是，這樣的政策減少了青少年在外的時間，自然也減少了犯罪的機會，但眞能減少內心那一股犯罪的衝動嗎？

在高汀筆下流落小島上的小孩們，所有的無法無天是因爲失去了社會規範以後，所有的占有欲望得以展露出殘酷的面貌。只是，他們的無規範是在徹底失去大人的情況下——以爲自己一輩子都不可能再回到父母身旁。在絕望和喜悅矛盾交織之下，新的權力秩序便在混亂中建立起來。

然而，在外游蕩的青少年雖然暫時離開父母，離開了社會成年人的掌控，並不表示他們就是失落在孤島上的少年。對大部分人而言，他們很清楚，自己的離開是暫時而不是永遠。因此，在這樣的心情下，即使是囂張而酷斃了的外表，他們內心還是懂得柏格曼所說的「害怕」。嚴重的失控，也就是青少年宵禁能夠預防的，其實是微乎其微。

眞正的青少年問題，其實是來自於那些在成長過程中，從來沒機會學習害怕的青少年，而他們卻不是會被宵禁掌控的。畢竟，一個人如果沒有了害怕，他還會在乎宵禁嗎？

九〇年代的一部好萊塢電影，在賣座之餘也引發了許多爭議。「閃靈殺手」，由奧利佛·史東（Oliver Stone）導演。英文片名是 Natural Born Killers，天生殺人者，生下來就注定了一輩子的殺戮，只因爲他們從來就沒機會學會害怕。

人類生下來，還是十分脆弱的。沒辦法像初生的牛羊一樣沒多久就可以站立奔跑，也沒法像雛鳥很快地就學會飛翔。他們的成長，全然依靠著基本的生活安全感，包括了可以深深依戀的對象，通常是由爸媽扮演的對象。

只是，像閃靈殺手一樣，有太多的孩童早早就失去了這種以愛建構而成的安全基地。他們還來不及因爲被愛而學會愛人，來不及有任何的同理心，也就不容易感受到別人的悲歡苦痛。

對他們而言，沒有了愛和被愛的機會，卻還是要找出存活下來的方式。在他們的眼中，有生命的人和沒生命的物，幾乎都是一樣的，因爲感覺不到他們或它們的感覺。於是，就像鏡頭下的搶劫少年，只是一個勁地殺戳那兩位提款的女子，而來不及去感覺（也可能沒有能力去感覺）她們的驚懼和疼痛，也就更是麻木不仁了。

然而，宵禁有用嗎？

這個社會不只是許多家庭破碎了，更多的家庭失去了愛的環境。許多表面完整的家庭，也許是因爲台灣經濟環境日益困難，使得家庭出現入不敷出的情況，也許是父母之間從不去面對的冷戰狀態，因此無法給予小孩應得的愛和關心。有時候單親家庭的孩子反而可能擁有足夠的愛。

宵禁只是將青少年從街頭趕到屋子裡，卻沒法將屋子（house）變成家庭（home）。關在不是家的屋子裡的孩子，頂多只是延遲了引爆的時機，卻正慢慢長成日後更爲巨大的炸彈。災難，將在表面寂靜的未來，以出人意表的速度和程度，像火山一般地爆發。

就像政府許多莫名的政策一樣，同樣的，這個宵禁政令無聲無響的消失了。台灣的街頭沒多久又出現相同的新聞：隨意而冷淡的殺人故事，甚至是出現在安居樂業的中產階級社區或活動空間，就像美國新聞名著，卡波提（Truman Capote）的唯一文學作品《冷血》所描述的。只不過，媒體唯恐觀衆麻痹而轉台了，讓收視率下滑了，只好時時加上新的名詞、新的包裝。所謂「隨機殺人」，只不過是最近一次的新說法，電視或報紙都用的。至於以後，又會有不同的新聞包裝的。但是，這樣的事實，我們社會的這股傾向，持續著。像火山，不管有沒有爆發，火紅的岩漿都繼續滾動著。

延伸閱讀

- 《冷血》（*In Cold Blood*），（2009），楚門．卡波提（Truman Capote），遠流。

- 《閃靈殺手》（*Natural Born Killers*），（1994），約翰・奧古斯特（John August），國際村。
- 《柏格曼自傳》（*The Magic Lantern: An Autobiography*），（1994），英格瑪・柏格曼（Ingmar Bergman），遠流。
- 《午夜曳航》（午後の曳航），（1991），三島由紀夫著，新潮社。
- 《魯賓遜漂流記》（*Robinson Crusoe*），（1988），丹尼爾・狄福（Daniel Defoe），鹿橋。
- 《蒼蠅王》（*The Lord of Flies*），（1984），威廉・高汀（William Golding），志文。

[篇二]

家庭和家庭之外

吶喊青春

之一

許多人都喜歡談說眞理，宗教聖人如此，科學家如此，一般的民衆也不例外。我的許多經驗，卻是對謊言有著無限的感激。

一位個案走進了診所，他辯稱那些押著他來的人根本不是親生父母。他說，眞正的父母遭殺害了，只因爲他們是這個世界祕密帝國的皇族。

剛剛開始學習當一位專業的精神科醫師時，我會很快地下診斷，明顯的妄想症狀；甚至還賣弄一點學問，特別標上是凱卜葛拉斯（Capgras）妄想，專門指竄改自己身世而深信不疑的謊言。

而這位年輕的男子繼續堅稱著，包括各種捕風捉影的瑣碎證據，譬如從小「假」父母就對他特別偏心，兄弟姊妹中唯獨他一直被安置在鄉下，直到國小才忽然出現等等。

我知道他的童年，關於孤獨和寂寞的成長。因爲失去了溫暖而強壯的手臂的擁抱，以致於許多想像力出現了，滿足這一切匱乏：原來他不是被遺棄的，而是因爲更偉大的使命。

也許眞理是我們永恆的追尋：然而，往往是謊言才能讓我們的心繼續活下去。

記得少年時代的我，也是擅長謊言的。大部分的時候「我因此擁有更多」，包括金錢、玩具和誇讚等等；只是偶爾，才遭處罰了。

後來，果眞決定不說謊了。也許是痛改前非了；但，不得不承認，適當地說眞話反而更有利。何況，法國精神分析大師拉岡（Jacques Lacan）不就這麼說了：「我說的一切都是眞理，但不是全部的眞理。」是的，我說的一切都不是謊言，但也不是眞實的全部。

之二

如果這樣一位少年來了，在父母唉聲嘆氣地控訴他逃學的情況下，走進我小小的面談室，我應該怎樣反應？

這樣的個案其實很多，從小學四、五年級到高中，甚至連上了大學一年級而拒絕上學的都曾有過。

遺憾的是，我只是也只能在面談室裡，展開無限的傾聽。

其實，應該是隱身追隨他們離開校園的身影，去看看眞正的歡樂；即使是無所事事的遊蕩，也可以因爲他們忽而逗留忽而前進的身影，看見更多的心情。

前幾天到北一女當散文評審。開場時，一位老師順便說了一句話：「其實，同學們更高興的恐怕是可以請公假。」那些綠衣服的少女哄堂笑了。

高中時代我也曾經著迷於這種合法的蹺課。每天早上，到紅樓前矮屋的校刊室，公假條上簽個名，就可以豁免了出席的責任。我去看橄欖球，看早場的電影，或者，根本只是閒逛。

我眞的狂熱於橄欖球嗎？也許吧，那些黑衫軍的同學們是教我羨慕的。只是，更重要的是，我只是在逃避，想遠離那些我無法掌握的書本。

多年以後，我才明白，這一切的逃避原來就是追尋。我也許繞了很遠的路，卻也經歷了許多不尋常的思考。

那些因爲逃學來到門診的少年，也許，他們才是眞正踏上奧迪賽之旅的戰士吧。

之三

一位昔日的朋友抱怨生活的不易。這是極其不尋常的。從大學時代開始，每次這類聚會的場所，總是談論著一些彼此即將來臨的理想或各種的成就，很少有如此沮喪的表白。

我們坐在金華街巷弄的一家小酒館，八、九年前就經常在這裡碰頭了。愛射飛鏢的老闆還是依舊，只是店裡的熱門飲料已經從血腥瑪麗之類的雞尾酒，轉為可樂娜啤酒，再變成一瓶瓶稍稍昂貴的紅酒。

結婚以後的朋友，開始認眞地繳房屋的分期付款，開始考慮帶妻子出遊而換大房車，也開始爲了小孩入學的問題不得不求人關說。

酒吧角落的報紙，剛好刊出前一晚飆車少年的砍人事件。占的版面並不搶眼，也許這類新聞發生多了，讀者也不感興趣了。

朋友端起了紅光盪漾的高腳杯，說，要是那天他兒子長大了，去做同樣的事，恐怕也不會意外吧。他繼續說著，台北生活的支出是這般昂貴，整個人都被家庭的負擔綁得悶出氣來，總是不知要和兒子談些什麼。

他指著報紙上的照片，叫我看看那些少年的模樣，「不也和我們當年一模一樣？」只是，我們太幸運了，順利地考上秀異的高中、大學，然後又找到了還像個樣子的工作。

「如果，如果那時眞的來一個失敗，跌得灰頭土臉的，恐怕也會像他們這樣地自我放逐到另一個不在乎生命的軌道上吧。」他，有點氣頹地說著。有一天沉重的生計果眞累垮他的鬥志，也就顧不得自己的兒子是否學壞去了。

生命是美好的，生活的現實代價卻是如此沉重。

之四

自華盛頓特區飛抵洛杉磯機場時，離回台北的班次還將近五個小時。我站在臨黑的機場門口，調了一下手錶的時差，慢條斯理地從國內機場走到深遠的另一頭國際機場。

劃位的航空櫃檯還空蕩蕩的，我索性在機場百貨公司一般的商店隨意逛逛，其中包括了重新裝潢的書店。我買了一本卡爾維諾（Italo Calvino）的遺作，幾篇自傳散文合輯的《通往聖喬凡尼之路》，同時也看到了曾經著有《美貌的神話》的諾米・吳爾夫（Naomi Wolf）另一本作品《性雜交》。精裝的版本，有點厚重，最後還是放棄了。

回台灣的旅程上，我開始有點反悔了。其實，在另一家免稅店購買的糖果和威士忌，不也遠遠比那本書還重？

後悔的情緒立刻招引來記憶中的許多女性個案。也許是國立大學的漂亮女生，在門診裡隨意地談起前兩天又臨時起意和電腦網友約去小旅館了；也許是家扶中心送來的國小高年級少女，工作人員抱怨沒法制止她主動去找那些單身老兵性交易的行爲；也許，只是最最沮喪的生命時刻，她忽然覺得身體不再有任何的感覺，也就不必拒絕任何性的邀約了。

有的女孩笑瞇瞇地講著，帶有一點炫耀的口氣；有的則是更沮喪了。而我總是彷若平靜的凝聽著，內心的震驚卻不知道如何進一步的交談。

生命太複雜了，遠遠超出我們訓練過程中所教導的一切。新版的教科書或學刊，清楚告訴著這一切性和愛之間的混亂，只是一種缺乏足夠被愛的經驗或童年性創傷的結果。只是，即使知道這公理一般的標準答案，還是在會談的過程中沉默了。

我睡在不太舒服的艙位裡，輾轉反側，腦海不斷地浮起那本書對面的搶眼題目：Promiscuities。

之五

到兒童心理衛生中心的第一天，宋醫師就告訴我們：任何被帶來門診的小孩，都要在腦海中將他放回到家庭，想像他在家的互動模式，才開始想他的行為舉止，最後聽聽老師或父母的說詞。

這是許多年前的事了。當時，還僅僅是精神醫學的第二年住院醫師，也就不容易明白這話的奧妙。只是，既然有人如此耳提面命，也就不自覺地遵循，甚至也果真體悟出其中些許的道理。

一位兒童精神分析師就曾表示，從來沒有「一個嬰兒」這回事，只有嬰兒和照顧者共同存在的狀態。

兒童如此，成人其實也是如此。

一位多年從事家族治療的朋友就曾表示，只要他看了當事人的家族結構圖，再與其中一位家庭成員交談，就可以揣摩出家裡每一個人的個性、成就、和可能發生的人生難關。

這話聽起來有些誇張，其實並不難。家庭的故事原本就是一部羅曼史的通俗劇，都有著固定上演的腳本。

新聞報導又傳來一群少年惹事了，鏡頭稍稍帶過那些背向的少年，完全看不見表情或長相。只是，偶爾，氣極敗壞的父親剛好被記者帶到，而攝入畫面。雖然短短幾秒鐘，聽聽訓話氣氛和用字，再看看兩個人肢體，以及相互牽引的方式，大概可以猜得出來是怎樣的家庭模樣了。

而畫面很快切換到下一則社會新聞，一場不明原因的大火，一家五口喪生，僅有應酬遲歸的父親倖存。我又開始想，這樣的命運該是怎樣的家庭才會產生的。

之六

一群老鼠籠子裡追逐。雪白而毛茸茸的斑點，個個卯勁向前衝。不知不覺的，畫面轉進了奔鼠之間，「我彷如也成爲其中一隻白鼠，全身著魔地奔跑，朝黑暗的籠底，努力邁向不知的盡頭。」

久久沒見面的朋友，嚷嚷要我解夢，他說，連續出現好幾天了，總是沒頭沒尾地消失了。

我們是在別人的喜宴上相遇的，一場難得沉悶的婚禮。以往的朋友沒幾個人到，飯店上菜的速度又奇慢無比。

婚禮的主角是以往一起讀書玩耍的夥伴。那時，還正流行讀書的玩意；只是後來彼此散去了，也就來不及學點後來流行的星座或紫微斗數了，更沒夢的解析之類的遊戲。

這個夢不也太尋常了嗎？一定是最近的生活教你厭倦了，整個生命卡在一個沒法輕鬆下來的戰場，只是不知道追逐前面啥的，還是逃避後面擺脫不去的一切。

朋友哈哈大笑，說我胡亂解夢。他說，那種奔跑是充滿了愉悅和自信，有一種征服的快感。他又說，我們的解釋老是困頓或沮喪的，恐怕是自己心情的投射呢。這樣負面的反應，怎麼去和青少年溝通呢？

喜宴的吵嘈教人厭煩，連酒都顯得掃興。

我想，自己果眞困在某個社會位置上了。

之七

十月十日那個晚上，倒不是爲了慶祝國慶，只是不小心幾批朋友在同一間酒吧碰在一塊了。許多人聚在長桌上，許多話題交錯穿梭地起鬨或細談。

酒吧是在巷子裡的地下室，有些冷峻的裝潢，再加上前衛而露骨的壁畫。只是，隨著血液裡的酒精濃度，一定都變得溫暖了。

又有人談到一個夢，關於飛翔。他說，這輩子從沒飛過，可是卻一點害怕也沒。甚至舒服極了。可以感覺到急速的風幾乎讓臉上的肌肉變形了，然後看見，愈來愈渺小的河流山川。忽然，稍稍說不出不安，立刻左右手邊找到了煞車器，才放下心來，逐漸在地面降落。

我忽然想起了一種說法，關於人類的飛行本領。據說，每一個民族關於自己更遠古以前的傳說，剛巧都是有著飛行的天生本能。後來，因為各種的犯忌或處罰，這一切全消失了。

在地面上的人類，因為有太多被遺忘的創傷，以致於背負了沉重的不安全感，再也飛不起來了。少數幸運的，也許還可以在夢裡飛翔，但總是還有一絲的不安，譬如，要能確定自己能著地，才敢放鬆飛行。

這也許是小王子的故事如此風靡的原因吧。故事述說著各個大小星球的故事，但是，更教人著迷的卻是沒說明的那些毫不擔心的飛翔。

而我們墜落了。墜落在一間沒有窗戶看見天空的地下室，在葡萄酒晃動的紅光裡有一絲飛翔的鄉愁。不經意抬起頭來，在想像世界可以看到的天空裡，許多飛行的年輕身影。雖然蒼穹太廣闊，不容易辨識。可是，確實是愈來愈清楚，也愈來愈多了。

延伸閱讀

- 《美貌的神話》（*The Beauty Myth: How Images of Beauty Are Used Against Women*），（1992），諾米・吳爾夫（Naomi Wolf），自立晚報。
- Naomi Wolf, *Promiscuities: The Secret Struggle for Womanhood*, 1998, Ballantine Books.
- Italo Calvino, *La Strada di San Giovanni (The Road to San Giovanni)*, 1990, Vintage.

不敢開口問

一位碩士班研究生因爲一再重複的自殺行爲，被家人帶到門診。我打開病歷，看到他顯赫的學歷，不禁好奇究竟是怎樣的困境，讓他不得不採取如此激烈結束自己生命的方式。

說他的學歷「顯赫」，其實一點都不誇張。從國小、國中、高中、大學，一直都是全台北市父母擠破頭也要將小孩送進去的。他不但一直都是這些學校的一份子，而且都是最傑出的，包括不同階段的市長獎、奧林匹克獎等等一切。甚至連碩士班，都是同學們人人在衡陽街那家圈內人都知道的專攻研究所的補習班，辛苦許久才好不容易擠進去的，但他卻只是憑著大學優異的表現就輕鬆申請進去的。

「爲什麼，需要結束這麼傑出的生命呢？」我才一開口，看見他充滿怨懟的眼神忽然直直瞪著我，我就知道自己一定是說錯話了。他只是看著我，沉默無語，沒有任何聲音，只有愈來愈強烈的焦慮充滿了整間的會談室，幾乎是要爆炸了。這時，父親急切地開口了，在他肩上推了一把：「怎麼還不說話？這麼不禮貌。」

我似乎就明白了，雖然才一個小小的動作，雖然他依然沒說任何一句話。但是，想想看，一位就讀國內最頂尖研究所的碩士班學生，還是從大學以來每學期都拿書卷獎的好一個傢伙，在他的爸爸面前，居然連保持沉默的權利都沒有，還要遭遇像小孩子一般的對待：推肩的使喚，命令的口氣，還有，「不禮貌」的指責。

我看著他，溫柔的眼神直直望著他依然有些憤怒的雙瞳，幾乎是一分鐘那麼漫長的寧靜，才緩緩開口說：「你不回答我可以了解，可是，爲什麼這樣子你也不會生氣呢？」忽然，他開始落淚卻又強忍住，只是愈來愈激動的情緒幾乎忍不住，全身抽搐了，他終於才放聲大哭，完全不可收拾。而我繼續靜靜地看著他，彷如一個世紀之久的等待之後還是靜靜望著，直到所有眼淚、悲傷，和最重要的憤怒，全都用盡了。

「是呀，我爲什麼不生氣呢？」他終於開口，只是自問自答，並不期待有人給他任何反應。

從小他就被稱爲「乖巧」和「模範」。他也清楚，只是基層的公務人員的父母，從他出生以來，其實一直都是很辛苦地張羅提供他們姊弟最好的求學環境。特別是姊姊「失敗」以後（她沒考上北一女，「只有」中山女高），似乎，所有爲家族雪恥的責任都在他身上了。當然，依他的表現，他不只是雪恥了，還光耀門楣呢。

開始出事的那一天，他正趕著一項實驗，忽然卡住了。不知是那一步驟出問題，幾個晚上熬夜一再重試，還是做不出結果。他想問同實驗室的學長，可是，還沒開口就緊張地結巴了。

原來他是如此優秀，從來都是認識或不認識的同學主動找他聊天問問題。直到今天，碩士班的程度，已經是二十五歲了，他從沒需要問任何的問題。他也許沒有難得倒自己的問題；但是，更重要是，他也從來沒透露的：他，根本不敢開口問問題。

他不敢開口問同學任何問題，雖然他內心充滿著許多的好奇：下課時不經意聽到A同學提起的女巫店是在哪裡？B同學那麼多女朋友，好賤的劈腿族，可是，要怎樣才能追女孩子呢？他甚至只想要小小的壞，譬如說，偷抽一口煙試試看吧。可是，走到7-Eleven門口，又害怕想像中店員可能的眼神，又退縮了。

「如果連跟同學講話我都這麼笨，那什麼時候才可能去追女朋友呢？如果一個人連和女孩子講話的能力都沒有，成績再好，可以到台積電或聯電研發部上班，甚至成爲下一位比爾蓋茲，這又有啥活下去的意義呢？」

我不知道坐在一旁的父母是否聽懂了。他們焦慮不安得好像是要反駁似的，可是被我一個婉轉的手勢壓住了。我雖然依然沉默，可是，好想用力抓住他父母的衣襟，對著他們的耳朵，用足以喚醒一頭大象的聲音用力地吼說：

「你們知道嗎？人生除了功課，還有很多更重要的事。」

追風者的指引

年復一年的臨床工作，總以爲自己擁有的許多專業知識，在面對病人時，早已是綽綽有餘，頂多注意一下新的藥物發展就好了。可是，隨著心理治療工作的展開，與個案還有個案的家人相處的時間更長，接觸的層面更多，才發覺自己不知道的，其實更多。

這些年來，國內有許多人寫下自己罹患精神疾病的例子。許佑生寫自己難纏的憂鬱，李歐梵的妻子李子玉也敘述著憂鬱的黝黑身影，而且是更多深層的自我歷史。這一切都是我們臨床工作者的老師，是學習的最佳資源。

吳美慧在《我在谷底看見陽光》寫下自己的生病經歷，其實就是典型的例子。因爲她的書，我才開始思考：原來身爲治療者的我，可能因爲某一句話，就改變了（包括惡化了）個案的處境。同樣的，也因爲她的書，我才發覺，原來個案的病情好轉，不只是藥物或病程的結果，而是某一些不經意的領悟或建議。然而，更多的時候，吳美慧的這本書，讓我想起一些個案的眼神。似乎，透過她的書寫，我才看清楚這些眼神是爲何才乘載著如此沉重的心情。

L君就是一個例子。

強力的冷氣終究擋不住這個夏天的燠熱。坐在會談室裡，貼著牆壁，背脊肌膚的汗流還可以感覺烈暑的威力。我不安地坐著，身體雖然是有效地放鬆，四肢完全不著力，幾乎可以感覺到地心的吸引，但是，大腦皮質裡的焦慮訊號卻是這些熟練的身心技巧沒法紓解的。

是因爲這熱浪，還是眼前的Ｌ君呢？

第一次見到Ｌ君還是二月的春天，學校的輔導老師緊急聯絡的。正面臨聯考的Ｌ君，前一天還好好的幫同學慶生，一群大男生結束了例行的夜讀，深夜裡還在黑暗的操場嬉鬧到十點多才回家的。這一天晚上留在教室內自修時，淒厲的慘叫聲忽然響起，形形色色的鬼魅內容，穿過漆黑的校園，夜空中四處竄流著許多若有似無的片段暗示。

這是一個明星級的男校，大學入學推甄的結果已經揭曉，而學力測驗考試才要來臨，大部分的同學放棄了前者，正努力衝刺。許多人下課逕行前往補習班，留下來自修的同學也不算少數，也就目睹了這一切無法理解的詭變，全嚇壞了。

Ｌ君立刻被送到學校附近的某大醫院急診，做了緊急的診斷和處理，留置到第二天才回家。焦急的輔導老師徵求了更焦急的父母同意後，安排了當天傍晚的門診面談。

經過了藥物注射下的一夜安眠，前一天怪異的行爲已經不見了，只剩下亢奮的情緒與飛躍的想法。典型的躁症症狀，我想。後來，經由父母的補充，知道L君在十二月底就開始變得開朗，主動關心同學的生日，也不尋常地爲聖誕節大肆採購。父母的眼中以爲是要畢業了，L君和同學的感情因爲三年的累積而愈是不捨，才有這些與過去內斂性格不同的表現，自然是不以爲意，甚至還爲L君三年的學校生活能有這許多好友而感到高興。

那天晚上，在結束初診的會談以後，我安慰父母說，也許很快就會好的。我的安慰並非無中生有的。十九世紀的法國醫學，曾經提過一個診斷觀念「Bouffée Délirium」。法文 Bouffée 是鼓足面頰用力吹的一陣風；而 Délirium 在法文裡意義和英文「譫妄」亦稍有不同，多一些妄想或瘋狂的成份。兩個字合在一起，也就是「一陣『狂』風」的意思。那時的精神醫學才正起步，人類才剛剛發現瘋狂似乎是可以理解的：雖然仍然感覺有點玄奧，但至少已經不再以爲是不可探究的神鬼意識了。於是科學家開始敢去凝視，也開始有興趣凝視這一切發生的不尋常表現，從而辨識出許多差異，而開始在以往都籠統稱爲瘋狂的這一切，逐漸歸納分類成不同的現象。所謂的「一陣狂風」，只是其中一個被辨識出來的病理現象，指的是來得快去得也快的瘋狂。

這樣的觀念，在二十世紀後逐漸捨棄不用，但是，陸陸續續還是有精神醫學家繼續這臨床現象的相關研究。大部分的報告顯示：後來的追蹤顯示大多的個案是屬於躁鬱症，或更現代的說法，是雙極型情感性疾患。所以，所謂「一陣狂風」的情形，其實只是躁鬱症的急性躁期。同時，另外的追蹤研究結果也顯示，這種來得快的躁症，在所有躁鬱症中是屬於預後好，也是容易恢復的一種。這也就是爲何我敢安慰他的父母也許可以樂觀的緣故。

不幸，那一年的春天特別長。雖然一度因爲 SARS 惹得人心惶惶，但大部分的時候，台北街頭開始變得很歐洲，人們流行在露天的街頭喝咖啡和聊天，彷如這樣舒服的溫度和不太潮濕的空氣將要永遠地繼續下去。

春天特別的長，L君的病情也起伏得特別頻繁，忽躁忽鬱，根本不似原先預測的樂觀，甚至可以說是躁鬱症中最難纏的迅速循環型。我當初的安慰，反而成爲虛幻懸空的胡蘿蔔，不斷製造失望的虛假希望。更尷尬的是，我的角色也開始混淆了。

原本，我應該是從事心理治療的醫師，是準備在他逐漸康復時，試著和他建立信任關係，解決他可能的恐懼，追回失去的信心。可是，面對他措手不及的情緒循環，前一週還是拉拔不起憂鬱，這一週又脫胎換骨亢奮地表示自己一切都好了，聯考準備有把握了，要開始熬夜衝刺了。在這樣的情況下，藥物的種類和計量當然要立刻調整。可是，一位自認爲痊癒的患者，怎可能接受新的藥物，甚至是更多的藥物呢？於是，我的角色不再是原本的心理治療者，而是半哄半騙說明中又帶著幾分暗示性的憂慮（也是一種威脅）的開藥醫師了。

好不容易，這樣的起伏逐漸穩定了。只是，台北漫長的春天早已結束，一夕之間，近乎熱帶的酷熱將白天街頭人們的悠閒全驅散無踪了。聯考結束，放榜的消息也傳來。L君的病情雖然穩定了，也參加了聯考，只是，別人用來衝刺預習的時間，L君的準備工夫全因爲躁鬱的循環情緒給耽擱。在沒有完全準備的情況之下，成績自然是相當不理想。

L君考上台北郊區剛從專科學校升爲技術學院的科系，這比起他當初非台清交電子科系不讀的志願是差多了。可是，父母擔心再一次重考的壓力會教他又病情復發，他自己雖然不表示意思，但是，向來倔強的個性居然也同意屈就這所學校。這樣的屈服，自然可以猜出他自己內心深處也有同樣的不安全感。

什麼時候，自己又會變成不是自己呢？

失去自我是人們內心深處最恐懼的狀態之一，和死亡恐懼是同一等級的。只是，就像我們年輕的時候幾乎是不擔心死亡，甚至連想到都沒有；我們也從沒有失去自我的念頭，甚至連這種感覺都無法想像。然而，一旦經歷了，果眞有過這樣的經驗或是經歷過近乎發生的情形，一個人就開始有了自己可能失去自我的擔心。自然的，這種恐懼將會成為他生命中的一部分——即使他口中是不承認的。

L君他就是屬於不承認的那一種。

我坐在面談室裡，面對他，不安的感覺愈來愈強烈。我不是擔心病情又有怎樣的發展；我只是逐漸感覺到他看著我的眼神裡，慢慢醞釀著一股說不出的怨懟。

我可以想像他心情的矛盾。他的理性知道是沒有理由也不應該對我生氣的。可是，這三、四個月來都是我在出面「逼」他要吃藥，要固定睡眠，要什麼什麼的，甚至連父母照顧他時的所有堅持，也都是我建議和要求的。也許他在理性層面，知道我所扮演的角色全然是為他好。只是，在他內心深處累積的怨恨實在也是夠多、夠強烈的，自然會找一個對象，在一切都壓抑不住時，所有火山岩漿所需要的出口，也就是心理機轉所講的scapegoat，爲各種被壓抑的情緒找到一隻替罪羔羊。

長久以來，面對精神病患時，我們專業人員一直關心著：如何將這些症狀控制住，甚至是痊癒。大部分的醫生也許以藥物或其他生理治療爲主；較體貼的醫師也許會在藥物之外，還考慮環境、生活型態和心理層面可能的介入方式。然而，不管是否只以藥物治療，大部分的醫護人員可能只考慮到當下的病情，而忽略了病情穩定以後，原來的心智雖然逐漸恢復了，可是，經歷了這一切狂風暴雨般的旅程後，內心深處嚴重受傷的感覺，卻是只有尚未完全復原的自己才知道。大部分的躁鬱患者要面對這樣的煎熬，少部分退化較輕而症狀控制不錯的精神分裂症患者也是如此。

L君雖然因爲擔心考試壓力可能增加復發危險性而選擇了不重考，只是他眞的甘心嗎，這一輩子？

L君的故事我可以無止盡地寫下去。還有M君、A女士、C小姐、D同學，無數的心痛故事。

然而，因爲吳美慧的書寫，她的辛苦經歷說出了醫護人員看不到的疾病另一面，我忽然開始看懂這些故事，看懂這些故事的另一層意義。原來：躁鬱病不只是一種疾病，不只是大腦神經化學物質的問題，而是個人生命的奧迪賽，在放逐和追求之中無限掙扎的過程。因爲吳美慧這樣歷劫歸來的人用血淚寫成的一切，我更相信：病人是醫生最好的導師。

延伸閱讀

・《憂鬱症，就是這樣》，（2008），李子玉，二魚文化。
・《我在谷底看見陽光》，（2003），吳美慧，早安財經。
・《晚安，憂鬱：我在藍色風暴中》，（2002），許佑生，心靈工坊。

家裡的祕密人物

如果有一位青少年，在成長過程中，家庭之中有人罹患了精神分裂症，對她或他而言，所面臨的生命將是怎樣的處境？——這是美國青少年文學家露絲・懷特（Ruth White）在《那一年，兩個夏天》中所描述的故事，也是她自己的親身經歷。

隨著執業年數的增加，愈來愈發現有太多的知識，雖然是身為精神科醫師的我早就應該擁有的基本能力，但自己在住院醫師訓練期間，不只是沒有師長提及，連厚甸甸百科全書式的洋文教科書，稍稍幾行字的簡單描述也沒有。

一位精神疾病的患者，不管是精神官能症層級的恐慌症或憂鬱症，還是精神病中的躁鬱症或精神分裂症，他們在暫時痊癒或病情穩定控制之後，究竟是如何面對過去生命的斷裂，所謂的「我」產生的一個全然不同的「我」；以及，內心如何戰戰兢兢擔心可能的復發，卻又要努力告訴自己一切都過去了。這些種種的問題，其實是生命另一種沉重的痛苦。然而，所有的教科書從沒提及。

教科書雖然表示憂鬱症患者在痊癒的過程，自殺機會反而增加；不過，它的解釋卻是，這些患者因為生命能力隨病情改善而進步，因此有了自殺的能力。這也許是一部分的原因。只是，在臨床上，我自己看到更多重度憂鬱症患者在經歷糾纏許久的黑暗人生以後，病情雖然終於暫時改善了，卻又陷入憂鬱症隨時可能襲侵的悲觀裡，以及，不知如何面對因爲久病而毀了一半的社會關係。

教科書也好，專業訓練也好，似乎，永遠都有許多的不足。而且，是十分重要的基本問題卻還沒被發現，更沒有任何討論。

我還記得A告訴我自己家族祕密時，帶給我的震撼。A是我一位朋友，高中就見過面的，後來出社會才漸漸熟識。前些日子的相聚，他不經意說自己在市療看病：「不好意思找你，怕讓你多負擔。」原來從小他媽媽就罹患精神分裂症，在那一個精神醫學還不太發達的時代，雖然也在當年的錫口療養院進出，卻是一直沒有穩定過。從小他就成長在這樣的混亂裡。他說，當他高中時聽醫生說這樣的疾病會遺傳時，就開始一種恐怖的想像：什麼時候這詛咒會發生？自己將像媽媽那樣，變成另一個完全陌生的「我」？甚至，他要不斷地掩飾家裡的情況，連對朋友也不可以提，也不知怎麼提，幾次的愛情都因此草草結束。當然，長期下來的壓力，塑造出他不容易放鬆的性格，永遠失去了快樂的能力。幾年前，壓力實在太大了，才到市療看精神科門診。

在《那一年，兩個夏天》裡，我們看到身爲妹妹的黎芮，在名字叫做夏天的姐姐一步一步地陷入精神分裂症的過程裡，她自己親身經歷的辛苦歷程。

一方面，不是很大但也不小的黎芮，在這個失母的家庭裡，開始必須擔起照顧姐姐的角色；另一方面，當她在學校裡，在同儕之間，她又不斷要假裝沒有這樣一位姐姐的存在。她擔心姐姐，並且擔起超乎年齡的責任，努力照顧姐姐；但是她又自責自己對姐姐的羞恥感，自責自己雙面人的角色。

精神障礙者也許不是每一位都像夏天一樣的發病過程，但是，每一位精神障礙者的家庭裡都有一位以上的黎芮。只是，家人也好，醫護人員也好，治療病人擔心病人都來不及了，因此，每一位黎芮都這樣被忽略掉了。《那一年，兩個夏天》也許是最好的提醒，提醒每一個家庭除了病人以外，不是病人的家屬也承受許多需要我們去關心的壓力。

《那一年，兩個夏天》，是給青少年看的書，卻也是所有照顧精神障礙者的專業人員和父母親都應該看的書。

延伸閱讀

- 《那一年，兩個夏天》（*Memories of Summer*），（2004），露絲．懷特（Ruth White），皇冠。

「偏頗」的平衡

在台灣，翻開報紙、打開電視，幾乎每隔幾天就會看見兒童因爲父母的緣故不幸受傷、受虐，甚至死亡的新聞。也許是父母的虐待，也許是繼父母或同居人的虐待，也許是父母的失職疏忽，也許是不負責的父母在外得罪不良份子進而波及小孩。根據兒童福利聯盟二〇〇八年的調查，重大虐兒與攜子自殺的案件，共有六十餘起，也就是平均每週都有兒童可能因爲受虐而喪失生命。而近年的不景氣，家庭的經濟更緊張了，受虐的兒童和婦女似乎也更多了。

虐待、毆打、死亡，這些出現在報紙、電視上的是看得見的暴力，也是我們一眼就可以辨識出來的問題。然而，還有一種斲害更徹底的暴力，不只每天發生，而且是時時刻刻，甚至出現在生活的每一個面向。這種傷害往往以「愛」爲名，以「孝順」爲理由，卻是逼小孩承擔他們這個年紀不應該承擔的重荷。

「你爲什麼不努力讀書，考好一點？這麼不爭氣，媽媽不如去死掉算了。」這是四、五年前我在夜班巴士聽見的一段話。夜歸的媽媽可能生活得滿辛苦，加完班才去接回小孩。她在辛苦之餘還注意小孩的功課，可說是難能可貴；然而疲憊且不耐的口氣，特別是以「媽媽不如去死掉」來威脅小孩，恐怕連自己都不知道對小孩造成多大傷害。我還記得在公車內白光照射下的那位小孩，因爲恐懼而噤聲的模樣。

在中國的家庭傳統裡，愛固然使家人更緊密團結；然而愛也往往透過各種形式在家人或其他親密關係之間，不斷地進行情感的勒索。特別是在家庭的支持功能逐漸瓦解後，我們可以發現，家庭對責任或義務的要求卻沒有因此而減緩。自然而然的，藉由愛或孝順，及其延伸而出的罪惡感，來做要求或控制的，似乎是愈來愈強烈了。

這樣的情形，在個人主義的美國或其他西方國家，恐怕也是類似的。美國心理治療師蘇珊・佛渥德（Susan Forward）向來對這方面議題特別敏感。在《情緒勒索》裡，她仔細地（雖然讀者可能覺得太囉唆了）描述了親人之間的這種關係；在《愛上M型男人》這本於美國轟動一時的暢銷書裡，她更進一步描述愛情之中許多以愛的面貌來進行傷害的日常現象；到了《父母會傷人》這本書，她非常深入地討論父母對子女不合理的愛，以及相對的，子女對父母應該孝順的不合理要求，又是如何傷害了孩子日後的人格。

關於愛和孝順的討論，在過去，我們往往以「國情不同」來否認這些翻譯自其他國家的書。然而，也許是西風東漸，隨著台灣社會及家庭結構愈來愈向個人化趨勢靠近，任何敏感的讀者恐怕都可以在《父母會傷人》裡看到自己的例子，可能只是程度不同而已。

這本書的英文版本，書名就直接稱爲「有毒的父母」（Toxic Parents），可以看出作者急切的呼籲。作者蘇珊・佛渥德的行筆是憤怒的，她的立場十分清楚地站在子女這一邊，幾乎所有的父母都被指責。這樣的立場也許不夠持平，不過，在我們這個社會，當所謂的「父母」還是擁有神聖不可侵的社會地位，她的「偏頗」，反而更能平衡我們的現況。

想想看，如果再回到我提及的夜班巴士。如果再一次發生，我又能做什麼？那一對夜歸的母子其實都疲倦極了，那一位母親在自己的意識層面以爲只是說幾句氣話罷了，根本不知道自己其實是對幼小的孩子做「情緒勒索」，更不知道可能的傷害。這樣的無感覺狀態，這種無意識的暴力，才是讓人更著急的。

這一位美國的心理治療師是偏頗的，然而，任何一位關切孩子成長身心健康的人士，有哪一位可能不偏頗呢？

延伸閱讀

- 《情緒勒索》（*Emotional Blackmail: When the People in Your Life Use Fear, Obligation, and Guilt to Manipulate You*），（2003），Susan Forward and Donna Frazier，智庫。
- 《父母會傷人》（*Toxic Parents: Overcoming Their Hurtful Legacy and Reclaiming Your Life*），（2003），Susan Forward，Craig Buck，張老師文化。
- 《愛上M型男人：找回妳的勇氣，尊嚴與幸福》（*Men Who Hate Women and the Women Who Love Them : When Loving Hurts and You Don't Know Why*），（2003），Susan Forward，Joan Torres，張老師文化。

還給孩子一個應有的成長環境

我描述人們的形象，是用他們的歷史作為鏡子。然後，其中許多人的反應是：「這就是我這輩子一直有感覺卻說不出來的。」我不要成為召喚信徒的宗師（guru）。我不是要人們信仰我。我只是要鼓勵大家認真地對待自己曾有過的體驗。

艾麗絲‧米勒（Alice Miller），這位一九二三年出生於波蘭的精神分析師，最熟知的，就是她對那些被虐待和被迫終身緘默的孩子們栩實的文字描繪，以及，他們在長大以後，這創傷又如何繼續對自己也對別人產生破壞性的傷害。

希特勒就是一個例子。

米勒博士得以聞名歐洲，乃至於西方世界，是由於寫了關於希特勒童年經歷和日後性格的書籍《全是爲你好：撫養所隱藏的殘酷和暴力的根源》。希特勒是米勒博士筆下，一位典型童年被虐而日後依附於極端理念（基本教義派式的極端程度），並藉此爲理智的理由，但其實在感情上是以傷害別人來迴避自己的痛苦。

《幸福童年的祕密》是她第一本書，當然也是她終身關心的兒童受虐問題的第一本書。在過去的中文介紹裡，因受英譯本書名 *The Drama of Gifted Child* 的影響，而往往翻譯成《天才兒童的悲劇》之類的。其實在米勒的筆下，這天賦（gift）不是上天賦予或與生俱來的，而是被迫賦予的（gifted）。她指的天賦是美國心理學家所說的「父母型子女」（parental child）、「早熟小孩」或「小大人」（adult child）。

在我們的社會裡，小大人的成熟穩重，甚至主動爲父母或老師減憂或減少負擔，一直都是被誇讚的「好」孩子。可是，在米勒的重新詮釋下，這樣的天才或早熟，反而是一種悲劇，是來自父母撫養時經常出現卻自我否認的忽略和殘酷。正是因爲如此，一九七九年這本原是德文的書籍首度問世，書名其實是《陷在童年的囚犯》（註：一九八一年發行的英譯版書名爲「Prisoners of Childhood」）。

對米勒而言，早熟、懂事或太早獨立，從來都不是好事。這些「美德」其實是童年心理或生理上受虐的後遺症，是長期揮之不去的效應。這也是她一直所關心的。「我們不需要任何教人如何尊重小孩的心理書籍，」她如此說著：「我們所需要的是對撫養孩子的方法和對於撫養的傳統看法，有一個全面性的改革。」

米勒出生於波蘭不久，全家就移居瑞士。她主修哲學、社會學和心理學，並且在三十歲那一年，也就是一九五三年，拿到博士學位。同時，她在蘇黎士接受精神分析的分析師訓練，從此成爲當地的一位執業的精神分析師。

關於米勒所關注的議題，也就是兒童虐待的問題，一直是佛洛伊德自身的學說遭詬病——特別是女性主義者——的焦點。早年佛洛伊德提出「誘惑理論」（the theory of seduction，也許翻成誘姦理論更貼切），認爲女性的很多症狀其實是源自童年遭父兄或父執輩的性傷害。只是他後來就否認了這理論，而是探討兒童記憶的虛實。

七〇年代以後，隨著女性運動的崛起，童年性傷害問題再次被注意，許多臨床心理工作人員開始質疑佛洛伊德對誘惑理論的「放棄」。然而，到了八〇年代末，對記憶有更多的探討，不再單純落在加害人和被害人的二分法裡，對佛洛伊德的這項誤會才稍稍緩解。（有興趣的讀者不妨參考《佛洛伊德與僞記憶症候群》）

米勒接受精神分析的訓練時，正是安娜・佛洛伊德（Anna Freud）和梅蘭妮・克萊恩（Melanie Klein）兩位女士將精神分析有關兒童的理論發展到相當成熟的階段。正在受訓的米勒，應該也完整接受了這方面的訓練。雖然她的路，隨著臨床工作的開展，離正統的佛洛伊德學派愈來愈遠，但是，她從沒否認佛洛伊德對她的影響。

米勒另一本重要作品《汝不該知道》（英譯版 *Thou Shalt not Be Aware*），原本就是題獻給佛洛伊德一五〇歲冥誕。對她而言，「他（佛洛伊德）關於童年殘餘的經驗對成人階段的無意識的影響，關於潛抑現象等等的貢獻，深深影響了我的生命和我的思考方式。」但是，她也有保留的：「然而，我從我的病人學到更多有關童年虐待的潛抑作用時，我卻有不同於佛洛伊德的結論。」

同樣的，米勒也批評佛洛伊德的伊底帕斯情結：「佛洛伊德學派的觀點裡，父母是不知情的，而不是小孩。」這也是她認爲性虐待問題所以被長期忽略的原因。

兒童階段的忽略，父母不自覺的殘暴和性虐待等等，已經成爲現在的臨床工作普遍而接受的觀點，相關的專書也很多。（有興趣的讀者不妨參考《割腕的誘惑：停止自我傷害》和《孩子別怕：關心目睹家暴的孩子》）。

然而，像米勒這類的治療師，終其一生，以激進的人本態度，希望還給孩子一個應有的成長環境，恐怕是不容易的，也是教人敬佩的。

延伸閱讀

- 《割腕的誘惑：停止自我傷害》（*Cutting-Understanding and Overcoming Self-mutilation*），（2004），史蒂芬．雷文克隆（Steven Levenkron），心靈工坊。
- 《孩子別怕：關心目睹家暴的孩子》（*Children Who See too Much: Lessons from Child Witness to Violence Project*），（2004），貝慈．葛羅思（Betsy McAlister Groves），心靈工坊。
- 《幸福童年的祕密》（*Das Drama des begabten Kindes und die Suche nach dem Wahren Selbst*），（2004），艾麗絲．米勒（Alice Miller），天下雜誌。
- 《佛洛伊德與偽記憶症候群》（*Freud And False Memory Syndrome*），（2002），菲爾歐．摩倫（Phil Mollon），果實出版。
- Alice Miller, *Thou Shalt Not Be Aware: Society's Betrayal of the Child (Du sollst nicht merken Variationen über das Paradies-Thema)*, 1998, Farrar, Straus and Giroux.
- ——, *The Drama of the Gifted Child: The Search for the True Self*, 1997, Basic Books.
- ——, *For Your Own Good: Hidden Cruelty in Child-Rearing and the Roots of Violence (Am Anfang war Erziehung)*, 1990, Farrar, Straus and Giroux.
- ——, *Prisoners of Childhood*, 1981, Basic Books.

透明化的存在

台灣社會的變遷，對每個人都產生或多或少的衝擊。關於這一點，是每個人從每日電視新聞就可以看到的。只是，社會變遷究竟經由怎樣的機制，對生活其中的每個人產生影響呢？關於這一點，卻又是我們說不清楚的。

日本社會的發展，也許是台灣很好的借鏡。在社會現象上，同樣是高齡少子化，傳統大家族瓦解，傳統社區支持系統瓦解，小家庭維持的緊繃狀態，經濟進入緊縮衰退期，愈來愈沒有未來的個人生涯等等；在臨床上，校園暴力或霸凌、拒學行爲、御居族或繭居族、自我傷害行爲、自殺、飲食疾患、邊緣性人格等等。關於這些情形，台灣幾乎是亦步亦趨彷如宿命般的追隨著日本的腳步，差不多只晚十到十五年。在這種情況下，日本如何思考這問題，以及提出怎樣解決方法，也就值得我們參考。

這些社會變遷的衝擊，首當其衝的，不論日本或台灣，就是青少年。這是西方社會學家也曾經注意到的。也許是因爲青少年是在家庭群體中逐漸分化爲社會個人的過渡階段，是前不著村後不著店的中間地帶，也是最沒有具體形狀的，因此很快受到社會新生的力量所牽引拉扯，因此而扭曲變形，甚至無法生存下去。

當然，這裡所講的青少年，是指開始會和父母有些緊張的十三、四歲，一直到完全獨立的大學畢業或是許久以後，也就是家庭和社會的中間地帶。青少年或青年階段比原來專家學者的認定還要長遠，這是頗教人訝異的。有些認爲是社會變遷造成人類愈來愈晚熟，有些則認爲獨立自主於社會原本就不如想像中容易或單純。

青少年既是最容易受衝擊的，而日本的社會處境又是台灣的先兆，在這情況下，身爲教育心理學家的富田富士也先生針對青少年處境寫的《誰說孩子沒壓力》也就值得大家參考。

包括富田先生在內，日本關於一般心理或心理疾病的通俗書籍，通常都會有相當強烈的社會層面考量。家庭、學校和社會究竟發生如何的變化，雖然不一定是書的主題，但往往是這些書裡會考慮的面向。因爲如此，日本這方面的書看來寫得往往比相同主題的書看似簡單，反而有時可以收穫更多。

富田先生從「透明化的存在」這句話的思考就頗有震撼性，而這樣的震撼力也是這本《誰說孩子沒壓力》令人愛不釋手的原因。所謂「透明化的存在」，也就是「可以不存在的存在」，實在是十分傳神的描述出現代青少年或青年的失落感或空洞感。他們從兒童變成青少年，從世界（其實是家庭）的唯一中心，變成世界（已經進入學校爲主的社會）可能很容易被忽略的小小角落，其中的壓力是不言而喻的。

富田先生的著作抓到了這樣傳神的重點，也就更能貼切地思考孩子們（其實是青少年）究竟面臨怎樣的壓力。尤其他的文章結構簡單，提供父母或老師參考的具體方法不僅切中要害也淺顯易懂，這實在是不容易的一件事。

孩子是有壓力的，而且，這些將長大的孩子他們的壓力反而最大呢。這是富士先生書裡面所說的，確實也是臨床工作者的我十分贊同的。這個社會在變化，許多新的遊戲規則人們還沒搞清楚，青少年似乎是最容易感受到的。於是，厭食症也好，拒學行為也好，自我傷害也好，還有一堆過去世界所沒有的、新的心理問題，全都是發生在青少年或青年身上。

青少年，這個可以不存在的透明化的存在，其實是相當不容易的。

延伸閱讀

・《誰說孩子沒壓力》（ストレスから子どもを守る本），（2005），富田富士也，新手父母。

沉默的瘟疫

之一

我經常思考，即使擁有二・〇的視力，我們眞的看得到一切嗎？還是說，我們看到的，往往是已經知道的。我們個人的知識世界不曾思考過的，就算是擁有一等一的銳利眼力，就算是鐵證如山的事實擺在眼前，我們經常還是看不到。

一九九五年我從花蓮回到台北工作，和昔日專業同儕經常聚聚小酌。一位朋友就提到他正在處理的個案，十分棘手的邊緣性人格違常。他說：「這類個案不是經常衝動就要自殺嗎？可奇怪的是，雖然她經常在兩隻手臂上用美工刀劃上淺淺的傷口，卻不斷強調刀鋒劃上皮膚時充滿的愉悅。」當時我們七嘴八舌的討論，談了許多可能的心理意義，然而，酒酣耳熱之後，也忘了有啥具體的結論。

沒多久，我自己的門診來了一位高二女生，父母憂心忡忡陪伴前來。她的傷口不只是在手臂，而且在兩側大腿的內緣；她不只是用刀劃過皮膚，還用煙頭燙自己的前臂。我忽然想到那位同事提到的個案，便問道：「劃下去的那一刹那，有沒有可能是像這樣，其實一點也沒感覺到痛，甚至反而有一股無法形容的舒服？」她忽然抬起頭來，原本被迫來診的敵意都消失了，臉上露出放鬆的表情，像是早已放棄求助的人，忽然遇到一位可以了解她的人。

之二

其實，我仔細回想，在過去門診或門診外的醫療場合裡，這類個案恐怕早已遇過多次了。只是當時因為我腦海的認知系統還沒有納入這樣的思考，也就看不見這樣的個案，即便她／他就坐在我的眼前。

一九八八年，在我住院醫師的第三年，經常幫台大精神科前輩老師林憲教授整理有關自殺的個案討論。那時是刊在《當代醫學》月刊，每月一次的自殺個案分析，後來還集結成書。在那十多篇的討論裡，其中幾個個案的自我傷害行為都被視為自殺企圖，根本沒想到兩者之間的不同。

一九九四年，我在花蓮。因為工作的緣故，跟東部地區的學校，特別是中等學校，維持著十分密切的合作關係。有一天，某一學校輔導室緊急聯絡我，原來有七個女同學在一週內連續發生至少十三次的輪流自殺行為。這是一件很不尋常的緊急狀況，需要立即處理。當時花蓮的助人專業人員平時的聯繫相當不錯，我立刻找到三、四位同行一起幫忙。

當年我們以爲那是「自殺」行爲，也一直將它視爲自殺來追蹤討論。可是在我有「自我傷害行爲」的概念以後，回想起來，似乎稱之爲「相互感染性的自傷行爲」比較恰當。譬如其中一位「擔心台東老家的弟弟精神分裂復發，媽媽一天到晚打電話來抱怨，可是自己卻幫不上忙，很煩，就敲碎學校廁所的玻璃劃手腕」。另一位則是：「每次看到這位好友又傷害自己，實在很生氣。難道她不知道我們很心痛嗎？我就也割腕，讓她一起感受這種教人操心的難過。」

自殺與自我傷害是不同的。

自殺可能是要結束自己的生命，結束一切的痛苦；自殺也可能是一種溝通方式，在所有正當的溝通方式都無法奏效後所訴諸的最後方法，所謂的「一哭二鬧三上吊」就是這個意思。自我傷害卻是沒有自殺企圖的身體傷害，它甚至是一種想活下去的吶喊，希望自己藉由這些方法，擺脫糾纏不去的不愉快感覺。

一個人如果繼續陷在煩悶、空洞、焦躁或自我壓迫的感覺裡，而這些感覺偏偏像鬼魅般陰魂不散，這時，肉體的疼痛反而可以暫時逃離心裡的這一切負面感覺。這也就是爲什麼許多個案在描述他們的自我傷害行爲當下的感覺時，會表示「一種許久沒有的輕鬆」，甚至是「愉悅的」或「像是嗑藥的快感」。

西方對自我傷害的注意，其實也是晚近的事。八〇年代中期，黛安娜王妃和查理王子婚姻不合的新聞陸續傳出，特別是黛安娜王妃數度用刮鬍刀傷害自己的小道消息傳出之後，自我傷害行爲才廣被注意。

黛安娜王妃很小的時候父母就離異了。我們不知道她的父母歷經多久的激烈爭吵或冷戰才終於離異，也不知道當時的黛安娜是如何面對任何小孩都沒法承受的家庭壓力。然而，長大後的黛安娜彷如天眞無邪的天使，沒有煩惱，似乎也不知民間疾苦。也是因爲這樣的天眞，黛安娜征服了世人。當她二十歲嫁給查理王子時，簡直是二十世紀最迷人的童話故事。只是，隨著婚禮結束，天使開始要面對瑣碎的現實生活，面對可能隨時生悶氣的王子，以及第一次懷孕後不得不面對的更多現實，她發覺自己的生命被困住了。於是，這種無法脫身的感覺，再加上王子的外遇，帶給她更大的不安全感。她開始有自我傷害的行爲，包括用刮鬍刀割腕、將身體擲向牆壁甚至撞碎整個玻璃櫥櫃、用檸檬刀劃自己的身體、用拆信刀割大腿和胸部等等。她也開始出現嚴重的暴食和厭食症狀。

當天使也有不得不自我傷害的痛苦以後，西方世界的專家和民眾才開始注意到這種行爲。許多公眾人物也開始坦然現身。譬如主演「剪刀手愛德華」、「神鬼奇航」的強尼・戴普（Johnny Deep）早期出道時是好萊塢聞名的「壞男孩」，一遇挫折就破壞旅館房間的設備，或是衝出去莫名奇妙與人幹架一場。

西方學術界最早討論這問題的應該是密蘇里大學精神科教授法瓦扎（Armando R. Favazza），他是國際知名的文化精神醫學專家。他在一九八七年出版的《身陷折磨的肉體》是第一本討論自我傷害的專書。他從跨文化研究出發，提及一九八〇年他遇到一位來自蘇丹的年輕女移民，發現她幼年時因爲接受當地風俗，割除陰蒂和陰唇，造成她在新世界的文化中開始對自己的「女性」懷疑，而陷入憂鬱。他也發現在臨床工作上，精神科醫師遇到愈來愈多不是自殺的自傷行爲。這兩種不同文化背景的自傷行爲，開始啓發他對這個領域的研究。

之三

既然自我傷害行爲在過去長期被忽略，被混淆成自殺行爲，那麼這問題的嚴重性究竟如何？

西方學者們（如法瓦扎等人）認爲歷史文獻中最早出現的自傷行爲，應該是《新約聖經》。〈馬可福音〉第五章曾記載著：耶穌一行人來到格拉森人的地方，一下船就遇到一位住在墳塋地區的人。《聖經》裡沒有解釋，爲何人們總是試圖將他用腳鐐和鐵鍊捆綁，他卻永遠可以弄斷。然而「他晝夜常在墳塋裡和山中喊叫，又用石頭砍傷自己」。當他一看到耶穌，就主動跑去求救，「我指著神懇求你，不要叫我受苦。」耶穌推斷他被污鬼附身，施以驅魔術。被趕出的污鬼們自稱是「群」（註：legion，希臘文，指羅馬軍團，通常有六千名士兵），要求耶穌讓他們附身在附近的豬身上。耶穌答應了，這群豬被附身以後，「闖下山崖，投在海裡，淹死了。」

雖然神學上對這類的案例，有著和現代心理學或精神醫學全然不同的解釋；不過，我們想想，爲什麼這位被污鬼附身的人沒有自殺？是什麼原因讓他仍然活下去？我們也許永遠沒法回答，但也許就是在那個沒有刀片的時代，用石頭一而再割傷自己，是生命得以保存的緣故。

在這個古老的聖經案例裡（據考證，〈馬可福音〉大約完成於耶穌逝世後四十年左右），我們再次看到，自我傷害不是自殺，而是一種想要活下去，甚至自我治療的企圖。

只是，究竟遇到什麼困難，活下去變得需要如此用力，甚至要持續透過自我傷害來自我治療？在聖經裡，耶穌的診斷是污鬼附身；可是我們如果以現代心理學或精神醫學來看，又該怎麼解釋？

很多學者的分析裡，自我傷害行爲是一種風土病（endemic），也是一種流行病（epidemic）。所謂風土病是指它只出現在某些社會條件下的社區。譬如經濟發達到相當的程度，傳統社區關係和家庭關係瓦解到某一種程度以上，這時某些人在這種環境會感覺特別孤單而茫然。所謂流行病是指，它是一種新的時代病，一旦開始了，似乎就像沉默的瘟疫一樣，不可遏止。

有些精神分析取向的學者，則是從自戀和自體的觀念出發。英國精神分析師賈德娜（Fiona Gardner）所寫的《自我傷害：心理治療的處理方式》可能是從精神分析觀點出發，討論自我傷害行爲的第一本書。她在這一本書中，就明白表示所有處理的討論，都是建立在葛拉瑟（M. Glasser）有關「自戀」

的「核心情意結」（core comlex）理論上。因此，她認爲自我傷害是：一、和理想化的母親融爲一體的幻想，因而能滿足基本需要和對安全感的渴求。二、但這融合帶來自我可能被吞噬的恐懼，也擔心可能被忽略不在意。三、這結果產生了可能消失無存的焦慮（annihilation anxiety），自我因此需要自我保護而出現適當的防衛機轉，包括退縮到一個安全和自我滿足的空間（但這又帶來被拋棄和自我解體的擔心，產生憂鬱、孤立和低自尊等現象，於是忍不住又渴求再一次的融合），也包括爲自我保存而產生的攻擊（試著摧毀強而有力，可能將它消滅無存的母親，卻也伴隨而來，擔心失去母親或遭她排斥的恐懼）。然而，母親的不在意也會引發上述兩種相同的防衛機轉。因爲這些反應重複出現，個體處在永遠的矛盾下，最後，這一股攻擊力量於是轉向自身，自我傷害於是發生。

之四

不論是採取哪一種觀點，前面提及的風土病和流行病，都是不可忽視的。

在我開始注意到這問題以後，經常利用到各大學或中學輔導室（特別是女校）討論其他個案的機會，詢問在場的輔導老師、教官或導師，是否經常可以發現學校女同學手臂有傷痕（雖然她們可能說是不小心割傷的），或即使夏天也堅持穿長袖的行爲。十分訝異的是，大部分老師有許多這方面的經驗，只不過對這情形沒有概念，不知道它代表的意義，往往只是簡短問候就讓事情過去了。

於是，在我累積相當的個案經驗，同時也蒐集足夠的西方相關文獻，開始將「自我傷害的處理」列爲我的演講題目之一。原則上，基於某些原因，我不太接受醫學相關的大衆演講，但很願意接受輔導老師這類基層工作人員的邀約。每當有大學或中學輔導室聯絡我做專業討論時，我將自己擅長的議題列給對方做選擇，發現愈來愈多的學校都挑了自我傷害的題目。

這題目不只台北縣市大都會型的中等學校會關心，連彰化、台東等地也都反應熱烈。每次演講後或研習會結束，許多參與的老師或助人工作者都熱烈講述他們曾經遇到的個案，我也漸漸發覺，原來在台灣，不論在哪個角落，自我傷害都是十分普遍卻沒人注意到的問題。

我的臨床敏感也就更加強了。每次遇到的個案，如果病史曾經有暴食、厭食、拒學、內心空洞、藥物濫用、性生活隨便等行爲，我便會主動詢問過去（或現在）是否有任何自我傷害的行爲。

一位二十七歲的女性在聽到我這些問題時，露出驚訝的表情，說：「你怎麼會知道？我國中的時候，覺得心情很煩的時候，就在自己的房間，一直用頭敲撞牆壁……」另一位年輕女孩則說，她國中那一群無藥可救的朋友，沒有一個人手臂上無傷痕。她還說，後來有一年在時尚雜誌上看到日本新宿少女流行在手臂上纏著繃帶，她立刻想到，其實都是和她們同一類的少女，只不過是敢將傷口秀出來，又被愚蠢的記者誤會是奇裝異服的打扮罷了。

原來，自我傷害行爲普遍的程度，遠遠超出我的想像，甚至到現在還無法判斷究竟有多嚴重。自我傷害，看起來眞的是一場「沉默的瘟疫」。

之五

西方學者對自我傷害有一些初步的流行病學調查。在性別方面，近年男生有逐漸增多的傾向，但在男女比例上，女生是男生的五十倍，幾乎可以說是以女生爲主。統計結果顯示自我傷害的比例，在總人口是佔百分之一・四，也就是指女性自我傷害的比例是百分之二・八；在社區大學男女全體學生佔百分之十二，同樣是指女性社區大學學生高達百分之二十以上。在有暴食或厭食等飲食疾患的人口裡，自我傷害甚至高達百分之三十五至百分之四十。

同樣的，自我傷害的行爲不是只有割傷自己，還包括：用尖銳物割皮膚（百分之七十二）、打捶自己、拉扯頭髮、頭去撞牆、過度用力的壓傷、咬自己的手臂、燙傷自己、破壞舊傷口、咬破唇舌或手指，甚至更嚴重的還有挖掉自己的眼睛、切掉自己的肢體或生殖器，或是剝掉自己的皮膚（特別是臉部）。

前文提及的學者法瓦札，在一九九三年的一篇論文裡，將自我傷害做進一步的分類：

一、重大自我傷害（major self-mutilation）：發生的頻率不高，但身體相當的部位被去除或破壞，因而造成永久性的形體損毀。通常發生在精神病狀態或急性藥物中毒。

二、刻板重複的自我傷害（sterotypic self-mutilation）：固定的自我傷害，通常是週期性且刻板重複的，最常見的是撞打頭部，包括以頭撞牆或以物體打頭。是機構中的智障者最常見的自傷行爲，但也發生在自閉症、精神病或精神分裂症的情形。

三、表層自我傷害（superficial self-mutilation）：情緒障礙的重要指標，不會造成生命危險或身體損毀，偶而才發生，少有規則性重複的情形。但有些則發展為上癮行為，甚至整個人腦海都一直在想著這衝動。這也是青少年問題中最應注意的。這情形又再分成三種：

1. 強迫性自我傷害（compulsive self-mutilation）：扯頭髮、刺皮膚、擦皮膚，主要是去除主觀意志中皮膚的缺點或瑕疵，是強迫症狀的一部分。

2. 偶發性的自我傷害（episodic self-harm）。

3. 重複性的自我傷害（repetitive self-harm）：與前者的差別在於程度之分。偶發性的通常是發生在不覺得這是怎麼一回事，也不認為自己在自我傷害的人，經常出現在急性適應問題。然而，偶發性的可能發展為重複性，重複性自我傷害的個案甚至沒在做這事時，還不斷想著這一行為；同時，也承認自己是自我傷害。經常，他們會形容這行為像上癮一樣，無法停下來。

之六

《割腕的誘惑》是紐約著名的臨床心理師史蒂芬・雷文克隆（Steven Levenkron）的著作。他過去是以擅長治療厭食症和暴食症聞名的臨床工作者。自我傷害行爲雖然是這十多年才在西方世界逐漸受到注意的臨床議題，相關的書籍卻也有十多本。然而，在這些書中，有些太偏學術的討論（如法瓦札的《身陷折磨的肉體》），有些則需要精神分析理論基礎（如賈德娜的《自我傷害》），有些只是簡單的認知行爲取向治療而沒處理根本的人格問題（例如K. Conterio和W. Lader合著的《身體傷害》），更多的則是僅止於現象的描述、診斷、藥物等討論而已。

然而，《割腕的誘惑》這本書雖然沒用洋洋灑灑的篇幅描述這症狀相關的學術討論（其實，這種學術討論對個案、家屬及基層助人工作者往往是沒有實質助益的），但是，他對個案處理過程的細膩描述、分析面對問題時應該有的敏感度、隨著療程的進展可能出現的不同困難、面對家庭應注意的事項，還有一些特殊相關議題（如亂倫、性侵害等）應如何謹慎處理等等，相關的人士讀來都是十分有益的。

從書中可以看出雷文克隆的治療風格是十分精神分析取向的，但可貴的是，他描述這些現象和治療過程時，幾乎不用精神分析的專業術語，反而用盡可能的淺白文字來說明。然而，文字雖然淺白，但他觀察到的現象和描述的過程，是如此的細膩和思慮周到，十分教人佩服。我在閱讀的過程中，經常不自覺地沉溺在他的思維裡，聯想到我自己過去處理相同個案的經驗。我原以爲自己已經相當有經驗了，可是和這一本書相比，才發覺自己疏忽了許多重要的細節。

雷文克隆的治療風格，依我的猜測，應該是受到肯伯格（Otto Kernberg）這位心理治療大師的影響。肯伯格是美國當今最具影響力的精神分析師。他受英國客體關係理論的影響，發展出自己的理論，對於自戀性人格和邊緣性人格的治療，有著突破性的影響。而雷文克隆在治療自傷個案時，以精神分析（特別是客體關係理論）作爲分析理解的參考依據，大量運用面質（confrontation）、自我揭露（self-disclosure）和立即的同理支持，就是典型肯伯格的風格。

之七

自我傷害究竟是怎麼一回事？它可能好轉或變更糟嗎？

的確，就我自己的經驗，我十分同意《割腕的誘惑》中雷文克隆的說法，這是一個至少需要兩、三年的治療。

兩、三年的治療，這樣漫長的路途，乍聽是教人沮喪的。只是，如果了解自我傷害，其實是過去十多年來成長過程方向走偏的結果，我們就不會覺得用兩、三年來彌補十多年的成長問題是太遙遠的路。

被英國的狗仔隊發現有自我傷害和暴食、厭食問題的黛安娜王妃，也同樣多虧了狗仔隊的報導，人們才知道黛安娜王妃其實接受過很長的治療。有一張偷拍的照片，剛好就是黛安娜正步出診所後門，而她的女精神分析師站在門口送她出門。幾年以後，大家都看到黛安娜的改變。她不再是天真無邪的小女生，而是成熟嫻靜，永遠可以眞心微笑的女人。她不再在乎查理王子的婚外情，而是跟威廉、哈利兩位小王子有更多親密的互動，也開始參加有關兒童福利和反地雷等武器的諸多公共事務，甚至也開始追求自己的愛情了。

雖然黛安娜不幸車禍身亡，但她在去世以前的種種跡象都顯示，自我傷害行爲不僅是可以治癒的，而且隨著病情的改善，個人也更成熟，心靈更提升。

自我傷害雖然悄然來襲，如沉默的瘟疫，不知不覺的出沒在我們日常生活任何可能的角落，但是，這「瘟疫」絕對不是絕症，只要我們願意停下來傾聽，願意伸出援手，做長久的關懷。

延伸閱讀

- 《割腕的誘惑：停止自我傷害》（*Cutting-Understanding and Overcoming Self-mutilation*），（2004），史蒂芬．雷文克隆（Steven Levenkron），心靈工坊。
- Armando R. Favazza, *Bodies under Siege: Self-mutilation and Body Modification in Culture and Psychiatry*, 2nd Edition, 1996, The Johns Hopkins University Press
- Fiona Gardner, *Self-Harm: A Psychotherapeutic Approach*, 2001, Routledge.
- Karen Conterio, Wendy Lader, & Jennifer Kingson Bloom, *Bodily Harm: The Breakthrough Healing Program For Self-Injurers*, 1999, Hyperion.

篇三

校園生活的競技場

標籤

傍晚下班回到家，好不容易可以休息一下，電話答錄機的緊急訊息卻又教人一陣難過了。重複使用的磁帶，聲音有些沙啞，但還是可以聽出陳耀爸爸慌慌張張的口氣，他完全失去了昨天門診時，那副沉穩而嚴肅的父親形象了。

陳耀被開除了。爸爸從學校教官室打來的電話，留下了這個出人意表的消息。

陳耀和爸媽是昨天下午臨時安排緊急會談的個案。學校的輔導老師因爲過去工作上經常合作的緣故，擔心他的情況不容易處理，所以就緊急轉介到我這邊來了。

學校輔導室的林老師表示，陳耀是個教他心疼又心痛的個案。將近一整學期的固定會談，每次總以爲終於建立起較深的信任關係了，陳耀卻不巧又闖了禍。林老師總是在訓導處、教官室和導師之間斡旋，這樣不定時爆發的難堪場面，他終於覺得撐不下去了，於是緊急打了電話，安排這次晤談。

爸媽陪著陳耀來，心情有些忐忑不安。他們雖然也是大學畢業的典型中產階級家庭，可也像台灣一般民衆對精神科醫師總有些錯誤認識，擔心陳耀是不是腦筋有問題，林老師才會要求他來我的門診。

在門診裡，我先傾聽爸媽的不安，偶而給兩句適當的解釋，他們的情緒才稍稍緩和下來，之後卻又忍不住抱怨起學校諸多的不當措施。雖然他們的述說出現許多重複的情緒，我仍可以在腦海中想像整個事件的來龍去脈。

陳耀只是一逕望著窗外，一動也不動，連偶而的問話都不回答，教人以爲他是出神發呆了。

這樣的沉默，堆積在我們兩人之間。我從他父母的報告了解了事情的來龍去脈，也就不急著要他回答我的問題，甚至逐漸減少了對他的問話以及問句裡的可能壓力了。我知道，彼此之間如果要建立眞正的關係，是有待日後一步一步的努力。畢竟，對陳耀這類敏感的青少年而言，過度急切的熱心只不過是引起更多的嫌惡罷了。

昨天會談的時間比一般來的都長。雖然彼此之間話並不多，我只是憑依著臨床經驗，告訴父母陳耀的問題恐怕不是一、兩次的晤談就可以改善的。

然而，今天下午，距離第一次見面還不到二十四小時，陳耀又闖禍了。

原來陳耀在學校又遇到之前與他發生細故的教官了。他硬著脾氣，在教官面前還是要著原本的酷傲模樣，根本不理會學校要求的敬禮動作，於是又讓教官有了發怒抓狂的理由。

當然，被叫到教官室訓話是可想而知的例行處罰和羞辱。只是偏偏不巧，（輔導老師在電話裡也不禁要抓狂地說：「怎麼在這個敏感時刻，還故意帶這些平常就敏感的玩意兒？」）被激怒的教官在陳耀的書包裡搜到了一把銳利的彈簧刀，而他又爽朗承認準備要去幹架用的。於是，原先已經遭留校察看命運的陳耀，也就當場被開除了。

這樣立即開除的例子，其實是目前學校很少發生的事。一方面，開除處分會影響到教育主管單位對學校訓導工作評鑑的成績；另一方面，校方也會考慮學生的前途。通常，當一位學生可能因爲成績或品行而不得不退學時，學校會先通知家長，建議在退學以前就先休學轉校。

在台灣，每一位國中老師遇到的問題大致是相同的，除非是少數的私立學校。可是到了高中，隨著聯考分數的分級，學校的學生群也跟著分成不同類型，各有不同的文化。而各個高中或高職的文化是差異極大的。

陳耀的學校是這一地區有名的私立學校，以高升學率而贏得一般父母的信賴，也就吸引了不少已經考上公立高中的學生了。

然而，高升學率也不是憑空得來的。校長強悍的作風，軍校一般的嚴格紀律來管理學校；再加上一群年輕有幹勁的老師朝夕的考試加課，將所有三年的課程趕在兩年內完成，最後一年則是重複不斷的複習和模擬考。

陳耀的高中聯考是表現失常了。國中時，他是班上的佼佼者，雖然成績只是前五名左右，但由於他的爽朗性格和天生的領袖氣質，三年來一直都擔任著班長。可是，不巧的是，也因爲他向來的傑出表現，從來都是瀟灑的高來高去的形象，造成他無形的壓力，終於在考前一個月變得焦躁不安和失眠，結果竟然差公立高中最低錄取分數兩、三分而落榜了。

爸媽說，這個打擊對陳耀的傷害大極了。他們自己一開始也不能接受，不曉得如何回答同事或親戚們的詢問，忍不住對兒子發了一段時間的脾氣。等到察覺時，他已變得沉默寡言，整個暑假都窩在自己的房間裡，將門緊緊鎖住，成天只是睡覺或聽廣播或打電玩，而拒絕接聽任何國中同學的電話。這時，爸媽才發現這雙重的傷害已經造成了。

前一天的門診裡，爸媽有些自責的表示，也許是他們對成績的過度在乎，忽略了他受傷的心靈，使得他到了這所私立高中時，一反過去循規蹈矩的成熟模樣，雖然同樣依舊是學校裡的風雲人物，只不過這一次是以乖張行爲和頂撞教官而出名。偏巧，這學校的管理經常是用殺鷄儆猴的方式，對新生先來一場下馬威，因此陳耀入學不到一個月，就被貼上「壞學生」的標籤了。

當爸媽正講著這半年來發生的種種變化時，陳耀只是不耐的站在窗口朝外望。他那種故意使出的壞模樣，眼神裡有點遮掩不住的沮喪陰影，忽然讓我聯想到中學時代的一位好朋友。

高中聯考的那一年，我們這個中部鄉下小小的國中一口氣有三個學生考上建國中學，成爲小鎮的盛大新聞，甚至在多年以後，這個空前絕後的記錄，還是小鎮津津樂道的話題。可是半年的台北生活以後，跟我一樣也考上建中的好友開始對課業失去興趣。

我們當時分屬不同的班級，而北部學校是這麼多班級，我們彼此逐漸疏離，愈來愈少有碰頭的機會。直到高一結束，我們一起搭車返鄉的漫長途中，他忽然說起這半年來的心情。他說，他現在終於明白了所謂的「壞」學生是怎樣的情境；像他，這一年來隨著功課的不適應，忽然發覺班上每位老師的眼神竟是如此不公平的分配著。「不再有人會對一位『壞』學生有所期望了。」他說出這句話時，整個沉重下來的眼神迄今還深深烙印在我記憶裡。

陳耀眞的是壞學生嗎？

我回想昨日的會談，懊惱自己一定是少了一分的注意。其實陳耀的沉默不只是不容易信任大人，恐怕也包括內心更深處對自己沉重的失望。他潛意識裡想毀掉這個讓自己失望的陳耀，也想毀掉帶給父母痛苦的那些仍對他抱有期望的心情。於是，他不自覺去挑釁，不只是教官被激怒，而是讓整個社會也被激怒，終於激起一股雷霆萬鈞的力量，將自己給毀了。

我撥一個電話給他的爸爸，想告訴他千萬不要因爲憤怒而讓陳耀誤以爲沒人對他抱有希望，先將緊急的事情處理完，再去追究所謂「違反校規」的申控。

電話鈴在另一端繼續響著，沒有人在家。我心裡有些著急，也暗暗祈禱，千萬不要又讓一個孩子的挫折，變成了一生永遠無法回頭的絕路了。

消失

喘了一口氣，最後一聲「謝謝大家」，終於結束了這一場演講。鼓掌的聲音立刻響亮拍擊，連禮堂遠側的另一端也轟隆隆響起。

面對一群高中生，實在是不知從何講起。十六、七歲是最有精力也最好動的年紀。當初，答應演講的那一刻，其實就後悔了。我知道中學生聚在一起時，氣氛自然就會亢奮，人的心情勢必浮躁起來，不可能因為演講者的誠懇態度或豐富內容而聚精會神，除非是電視秀場緊湊又精采的節奏。然而我自認沒有這種天賦，也沒有能力準備一連串的小笑話，將整場的演說形塑出一波未平一波又起的高潮氣勢，將同學澎湃的青春精力都吸引過來。我知道我自己只擁有一種說話表演的方式，相當普通，甚至平淡到有點催眠效果。

於是，才剛剛站在講台上，沒幾分鐘，孩子們就耐不住的低聲聒躁了。我發覺自己陷入了孤身與幾百人拔河的困境，努力使盡所有的魅力，終究還是挽不回一切的頹勢。演講成了一場災難，在學生們吱吱喳喳的無限微小聲音中，逐漸點滴聚成狂亂的洪水，我終於被徹底淹沒了。

我才走下台來，剛剛站上去的教官一聲抑住怒氣的口令，一切洪水又迅速地倒退消失了。接待的黃老師引領我走過學生隊伍旁，一臉抱歉的眼神夾雜著幾分的失望。

當初，就是黃老師打電話來要求安排演講的。在電話裡，我急急推絕，直截了當告訴他，一位好的傾聽者不一定就是好的演說者，特別是對青少年而言。黃老師還是很客氣堅持著。也許，他誤以爲我這一切的推絕，只是客氣的說詞罷了。終究，結果恐怕令他眞的失望了。

我走過學生的身旁，剛才因爲青春而騷動不安的身軀，此刻正被迫凍結在嚴肅的氣氛中。台上的教官以無聲的怒視鎮壓著這一切年輕生命，我知道是因爲顧忌著我的存在。只要一跨出禮堂，所有的指責和諷罵都會立刻湧現。

「你們太讓教官失望了……」我似乎在離開的那一刹那，隱約聽見了。

我想起了在門診裡曾經遇見的一位少年。他談得很暢快，也很坦然。這是很難得的情形。通常來到門診的青少年不是倔強彆扭地緊緊閉著嘴，就是因爲害羞或不知如何表達而深深沉默著，很少像他這樣的大方。

我聽著這位少年的敘述，除了偶而幾個有意的問題催促他作出更多的表白，其餘幾乎是沉默無語的傾聽。直到最後，才以乍看是無意的態度，順口問說：「看起來你其實滿有自己的一套想法嘛。」頓了一下，看看他的眼睛，當他從原來暢談時的愉悅眼神逐漸下沉爲疑惑時，我才又開口說：「只是，好奇怪，爲什麼在學校裡，還是跟大家一樣呢？」

我指的是他來門診的原因。當初，父母堅持要他來一趟門診，就是因為學校抓到了他和一夥同學在學校附近連續偷車。父母親無法理解，孩子的零用錢不虞匱乏，為什麼還要跟著起鬨違法呢。

這位少年其實是敏銳而聰明的，表達能力也是相當不錯。面對著我拋出的問題，他的壓力並沒有持續太久，沉鬱的眼神就忽然一亮，整個人微笑開來，然後說一聲：「你好詐喔！」最後一個聲音稍稍拉高，利用半開玩笑的態度掩飾他極其不滿的失望和些許的怒氣。

我繼續不置可否地微笑著。不要太焦躁而急著回答，免得產生作賊心虛的效果，而教他更確認向來對大人的看法；也不要只是充耳不聞，賴皮只會激起他更多的不滿。最後，足夠的停頓後，我終於說了：「我是很狡詐。」

我是很狡詐的，我坦然告訴他，自己原本就預設了一個立場，在建立關係之後，終究還是希望能夠聽聽他對偷摩托車的想法。我說：「這眞的很詐。但我也眞的想聽聽你的說法。」其實，我隱約也預測得到可能的說法。

在自己親近的團體裡，沒有一位青少年敢抗拒大家都同意的想法。哪怕這想法或提議，可能只是起鬨或臨時起意或只是其中一個人的唆使；哪怕這個意思是大家都覺得荒誕無知或有違法律與道德的。只是，在面對群體時，自己的想法就消失了。

青少年「個人的自我」（individual self）是極其矛盾的結構。當個人的自我遇到了自己所排斥的他者時，整個自我變得十分頑強，幾乎教人誤以爲早已形成最堅硬的結構了。譬如，和父母頂嘴，或是遇到自己不喜歡的老師時。只是，當個人的自我遇見了同儕團體時，在一刹那間，一切的堅硬又分崩離析，立刻溶入群體的自我，不再有個人的面貌。

譬如在學校的大禮堂裡，當所有的同學都聚在一起時，所有個人的自我就消失了。於是，如果台上站的是一位有著基本聽衆的講者或偶像，幾位聽衆的狂熱就足以帶動全場的氣氛。同樣的，如果講者被視爲對立的他者，自然就沒有同學（即使他眞的想聽）敢以眞實的自我，安安靜靜不理其他同學而專心傾聽。自然的，當演講者想以分享的權力和平等的地位面對群體中的個別自我時，也就顯得極其不可行了。

門診裡，我不只是想確定這位少年的問題是否與預測的一致，我更要透過這樣的交談提出疑問：怎麼回事呢，像他這樣有自我想法的人，還是沒法拒絕同儕的集體壓力？當然，我從心理治療的立場，內心也另外盤算著：也許，如果他對自己也有這樣的疑惑，將是成長的下一個里程碑。

紙飛機乘空飛翔

曾經，我的居所恰巧比鄰著大安高工，窗口正好臨眺學校的操場。如果準時下班回家，定坐書桌前，經常可以聽見夜間部遙遠的廣播聲。早上偶而遲些時刻上班，日間部升旗聚會轟隆轟隆的擴聲器，更是急切的催人快快出門。當然，最慘的是有運動會的週日，加裝的高分貝喇叭，簡直剝奪了人們慵懶的權利。

廣播的噪音挺討人厭，這恐怕每個定居在學校旁的居民都頗有同感。不過，既然學校的空間如此廣大而迂迴，學生人數往往又是數以千計，高分貝的暴力也就不得不忍受了。然而，我想談的卻是噪音之外的另一種暴力，來自意志層面的。

我記得自己在花蓮定居時，曾經應邀到某個高中演講，大概是「考試壓力的認識和處理」之類吧，有點記不清楚了。不過，讓人印象深刻的倒是權充演講會場的龐大體育館之類的建築。

那次的演講印象特別深刻，恐怕是因為一股說不出的挫折和羞辱吧。

我站上麥克風前，聽見自己的聲音從遠方的高牆振盪過來，充滿迴音的空間，忽然令人害怕極了。我想到了自己的中學生生涯，想到當年枯站聽講的日子，不管內容如何，每次感覺總像是被罰站一般的酷刑。直到今天，換我自己站在講台上了，那夢魘卻是不可避免的立即浮現眼前。

我知道針對數千位青少年的演講，只有兩種可能成功的風格。一種是希特勒式的，懂得用抑揚頓挫的語調營造出群眾之間可能的慷慨激昂；另一種則是偶像式的，要有足夠的姿態和知名度，適當的添加一些提神的笑話，然後再分享一點自己的親身經驗，製造出感人肺腑的效果。可惜的是，我是一位習慣聆聽的醫生，沒站在鏡子前下工夫學習一些懾人的手勢，也沒什麼動人而偉大的小故事，更何況自己正急著要告訴這些面臨聯考的小子們，如何不要被自己的緊張擊垮了。

在那一刻，演講會場開始出現騷動了。像小蜜蜂一般，雖然只是細微的嗡嗡聲，累積起來的音量卻是相當嚇人的，我的嘴巴繼續動著，眼睛卻看見三、四個教官開始分散在不同的角落巡視了。我看見一個同學折了很帥的紙飛機，十分符合力學原則的結構，整段滑行異常平穩了。然而，飛機還沒落地，這位了不起的同學就被教官發現了。飛機掉下來，而他罰站在隊伍旁，發窘的臉紅了。

我自己心想：天呀，這不就是當年的我？無聊的演講、訓話和軍歌練習，每週一次的身心折磨，彷如預告著這一週又是痛苦的開始。唯一的快樂就是傳傳紙條，講講悄悄話，偷偷翻閱自己愛看的書；偶而得意放肆之際，才有射飛機這類的高危險演出。那麼，現在站在講台上的我，不就是當年自己站在台下時最痛恨的那一個人？

也許是這樣的痛苦經驗吧，不願現在的自己成爲過去自己的劊子手，後來也就盡量迴避各種大型的中學演講了。

直到現在，住在大安高工的旁邊，再次聽見了那些站在青少年面前，拿著麥克風說話的人。我約略將這些大人的心情分爲兩種。

有一種是外來的貴賓，可能是校方或學者專家，或是運動會致辭的家長代表。他們很淸楚知道自己面對的是一群非比尋常的聽衆，聲調也就往往比平常還刻意溫柔。然而，也因爲這樣的努力，總覺得帶有幾分討好和緊張的意味。有些較誇張的，甚至還故作天眞，講了一些僅適合國小兒童層次而讓人起鷄皮疙瘩的話。

我曾經也是演講者，知道自己面臨相同的壓力也會出現想要討好青少年的念頭。故意用一點青少年的行話，或是講兩個蹩腳的笑話。但是，就像某一部電影裡，那位小朋友坦白的回答：「你們大人總以爲什麼都想和我們一樣。」

我眞的不是青少年，雖然可能是青少年某某問題的專家學者，卻永遠不是青少年。

記得剛開始擔任主治醫師，負責自己的門診時，在診間遇到一位國中女生，爸爸媽媽帶來的。她一心一意想唸當時的國光藝校，以後當個歌星或演員；然而，問題是爸爸和媽媽都是國立大學的教授。

她板著臉孔，因爲被強行帶到精神科門診而氣憤得悶不吭聲。我努力使出渾身解數，忍不住想討好她，於是就問說最喜歡的歌星是哪位。好不容易，她終於很酷地說了三個字：「林志穎。」

那次會談很慘，因爲我將林志穎錯認爲另一位歌手，故作老資格般尋找所謂的「共同話題」，結果就讓她不屑的眼神給三振出局了。

後來的門診又遇到另一位同樣是國中生的個案，她是立志要當「范曉萱」的。這次學乖了，幾年的思考和經驗告訴我要講實話，也就很直接表示沒仔細聽過她的歌，而且可能也不太喜歡。然而，誠實反而是另一種好方法，代表我眞的願意傾聽，而且已經將她的喜歡當作一回事來思考了。一次的門診雖然沒法解決她父母擔心的問題，但至少她本人願意再來談談了。

擴音器聽到的另一種聲音，則是來自學校老師。他們在大學畢業，剛剛當上老師時，也許還抱著想和青少年學生打成一片的心情。沒多久，就像我自己的經驗一樣，發覺自己故作天眞的模樣是多麼令人作嘔，逐漸就麻木了。

偏偏很有趣的是，大部分的大人幾乎都罹患了失憶症。年輕的時候，我們都痛恨教條式的教學和高壓式的管教；等到自己長大以後，開始要長期與青少年相處時，當年最咬牙切齒的經驗居然都忘了。

當一個人長大，變成老師，變成學校的組長或教官，必須在最快的時間內處理數千人共同的問題時，各種充滿敵意、鄙視、憤怒和羞辱的字眼，全都出現了。

麥克風的聲音成爲壓迫的來源，每一分每一刻都正摧毀著每一位青少年的自尊心，讓日後的自己永遠懷疑個人的能力和價值，所謂身心健康的教育也就成爲一種奢侈的期待了。

在對青少年的管理裡，意志的暴力是非常巧妙的暗藏在內的，一切都可以因爲強調秩序、安全和前途，而爲所欲爲了。

我住在大安高工的旁邊，一個很好的觀察環境。我相信這所學校只是台灣成千所大型高中的其中之一，甚至是管理較佳的一所。只是，當所有的學校教育都是講求大型而有效率時，在意志層面所施加的暴力也就成爲不可避免之惡了。

自殺的共犯結構

一位台灣大學大一學生跳樓自殺，報紙刊上頭條，還仔仔細細地引用他遺書的文字，「帥帥酷酷的爸爸」這一類十分可愛逗趣的用詞，幾乎是很難和死亡連接在一起。

學校的行政長官急著出來表示，學生的自殺是和父母分居，特別是和女友分手有關。這位長官大概是從遺書內容判斷的吧？分析起這件事的口吻是毫不猶豫。可是，另一方面，似乎一切都瞭若指掌的態度，卻又表示這位學生才入學，「我們還來不及認識他！」

推斷死因是十分確定（口氣好像是說：「不是學校，一定是別人！」），可是，推卸責任卻又遁詞說是連認識都談不上（口氣則是：「連認識都來不及，怎麼可能跟學校有關？」），總而言之，就是「此君一切行爲一律與本王無關」的態度。

學生自殺了，究竟是誰的責任？這其實是十分複雜的問題。所有國內外眞正有下工夫的自殺相關研究學者（不是一出事媒體就到處打電話問兩句話來引用的那些媒體出品〔made in media〕的專家），必然都接受一件事實：自殺是一件十分複雜的行爲，從來都不是某件事或某個他人單一促成的。

然而，每次有青少年或年輕人自殺，任何學校的發言方式，包括堂堂台灣最高學府的國立台灣大學在內，永遠都有一個隱藏的內在邏輯：「這件事與我無關，這件事不是我的錯。」學校如此，同學如此，周邊的師長也如此，經常，連父母也是如此。

我們可以在腦海中浮現一個畫面：彷如一位年輕的學生，不知所措地四處團團轉，可是圍在他旁邊的大人和同儕們，一個個只想將他推開，急著說：「不是我，不是我的錯，你可不要來找我！」好像這樣的人物是瘟神一般，誰也不想接近。

一位台大學生自殺死了，並沒有特別嚴重，也不需恐慌。同樣的報紙不也在那一、兩天的報導裡，至少就有五、六則同樣是因爲自殺而從此不存在的人命：失婚的婦人帶學習障礙的國小兒子一起自殺；失業的中年男子燒炭自殺，……。台大並沒有特別了不起，只不過我們的新聞卻是特別愛報導罷了。

只是連台大這樣偉大學校的學生自殺死亡，四周的人都表現出急著畫清界線的姿態。那麼，其他那些無名小卒一般的人士，失業男性、失婚女性、孤獨老先生、多病的老婦人……，當然更是沒人會說：「這是我的責任，都是我不好，太忙了也太自私了，沒機會去關心他們。」

死後急著撇著關係的動作是如此的激烈，難道死前就有眞實的關心？

沒錯，死了一位台大學生，對台大來說，對我們不相干的社會人士來說，的確是沒有直接的責任。只不過是，如果一出事就是不斷要撇清責任，這樣近乎直覺反應的態度，不也洩露出來：平常無事時那些面露微笑親切和藹的關心，其實是十分有限的，是只有在某些條件下才會感受到的。而這種有條件的關心，不也就是另外一種拒絕？

我們可以再想一想另一個畫面：這位台大學生還在世的時候，周邊的每個人都表示熱切的關心，父母會說：「我們分居了，但我們還是愛你的。」學校新生訓練可能說：「學校就是大家庭，大家不要忘記永遠有這個大家庭支持著你。」同樣的，朋友和老師也有類似的話。可是，在現代社會的我們，跟那位台大學生一樣，其實已經很敏感的察覺：這些支持是有條件的，乍看是擁抱的姿勢，其實暗中還有另一雙手想推開他。他可以感受到每個人的關心，但又明白這些關心都是有條件的。「只有我成功，大家就會關心我。」「只有我不造成別人太大的負擔，大家才會和我做朋友。」「只要我成爲他們期待的人，他們就會對我好。」這許多條件，其實已經設下重重的關卡，讓每一個人都感受得到：其實，每個人都要將他推開。

死了一位台大學生，究竟是誰的責任？

我們都沒有責任，我們也都有責任。

社會用很複雜的方式謀殺了她們

死了兩位北一女學生的自殺新聞是一九九四年七月二十五日傍晚揭露的事，傷了近二十名民衆的警方暴力鎮壓抗議抄台人群，則是八月一日上午發生的衝突。造成了同樣傷害的兩件事，發生的時間剛好過了一個禮拜。

自殺的兩位女學生在遺書裡這樣寫著：「社會生存的本質不適合我們，每日在生活上，都覺得不容易，而經常陷入無法自拔的自暴自棄的境地。」身爲明星學校的資優學生，即使擁有某些特殊的才華，也要向同樣單調而統一規格化的生產線低頭。雖然「抱怨學校教的功課『好無聊』」，卻依然要在家人、鄰居、學校所謂「好學生」、「好小孩」的期待眼光下，不得不向壓力屈服。

能夠做一些不一樣的選擇，找一條也許跟大家稍稍不一樣但卻較屬於自己的道路嗎？看起來，是不太容易，至少對石濟雅和林青慧這兩位同學而言，經歷了許多自我努力，最後還是覺得「當人是很辛苦的」、「經過長時間考慮之後的抉擇」，而放棄了一切尋求改變的可能性了。

每個人都知道，她們面對的社會可以提供選擇的道路實在太少了。平常師長們雖然都同情的表示升學競爭等等對幼小心靈斲傷太大了，但也只能請學生們「忍一下」，接受聯考的事實。同樣的，即使是開明的老師會說女校的親密關係是常見的事，但兩個人太接近了，還是會好心的勸戒「要保持距離，免得被誤會同性戀了」。然而，同性戀有什麼不好？更何況，人的選擇眞的只有同性戀或異性戀嗎？

近些年來台灣社會的表象雖然是乍看開明許多了；然而，眞正脫離了單一思考的多元選擇其實還是沒出現，甚至更遙遠了。在以往，這些單一思考是明顯屬於政黨統治心態的惡，雖然十分霸道，但至少還有所謂的黨外陣營可以讓不同意見的人民站在一起。然而，解嚴以後朝野兩黨都是口口聲聲「和平、反暴力」，甚至開放了報禁、電台禁等等。然而，這些解禁隨之而來的卻是搞所謂的要求資本額度和重重關卡的官僚作業，失去的卻是以往可以一起戰鬥的所謂在野黨。

在過去，黑白對立淸楚分明的時代，至少有著相當的人可以先知先覺的了解社會的不義；而今，所謂開明解禁以後，在黑白之間又多了一大塊灰色地帶，卻可以藉此來抹煞繼續堅持理想的民衆，說他們非理性，不尋求「民主途徑」。殊不知，在開放以後所謂的民主制度只是開放一小部分，來扼殺更大部分的各種不同意見的聲音。

乍看是開放許多的民主制度，結果卻是扼殺了更多的空間。於是，民衆就像處於困獸的絕望狀態了。沒有任何活路的困獸也就只可能有兩種反應：不是對外的攻擊，亦即訴諸悲憤的暴力；就是對內，對自己的傷害，也就是絕望的自殺。

當每一個人都誇讚聯考制度有了自學方案以後，變得更進步、更民主、更多元了，眞正的問題不但沒解決，甚至身陷其中的學生想要抗議，卻也只能招致「都已經改善了，還埋怨什麼」的抵制，當然也就更絕望了。這情形是很複雜的，置身在升學制度之外的成人會認爲「問題比我們當時好太多了」，也就更不願好好去聽一聽爲什麼這些學生仍然埋怨。於是，林青慧和石濟雅只能這樣寫著「我們拋棄了所擁有的一切的原因很難解釋」，索性就選了對自己的毀滅來結束這一切無窮盡的絕望。

而八月一日那天，失去了自己的地下電台，也失去了昔日那些黨外民意代表或自由派學者的支持（除了極少數），甚至在自己的黨外陣營裡還招來更多的「非理性」「暴民」「只會情緒發洩」「沒有民主素養」「破壞民進黨名譽」等等指責的民衆，除了更深沉的絕望，還獲得什麼呢？於是，國民黨堵了這一群人，所謂中產階級的市民視他們是暴民，連黨外的檯面人物也視之爲毒蠍避之唯恐不及。解嚴的結果，所謂的民主進步，只是讓無錢無勢又不甘沉默的基層人民更絕望了。

同樣是和北一女這兩位女學生一樣的絕望，同樣是困獸狀態，只不過這些失去了最後電台的民衆採取了另一條路，因爲他們不甘像北一女學生一般的自殺，而不得不以「汽油彈、木棍、石塊、鐵條」，來做最後的困獸之鬥。八〇一事件是繼學運之後相當重要的政治事件，並且觸及了當時政治體制的最本質問題；北一女學生自殺問題其實也是政治事件，對於社會本質做最深沉、最絕望，也是最後的抗議，半調子的民主社會比專制社會還更可怕；專制社會是警察或軍人或警總這類的組織在殺人，半調子的民主社會卻是用無形的制度用各種不同的方式逼人失去自由或生命。

林青慧和石濟雅不只是自殺；而是這個社會用一種很複雜的方式，謀殺了她們。

新新人類更幸福？

之一

一群台北市的議員們，忽然出現在深夜熱鬧生活的夜店裡，打扮成新新人類的模樣，就這樣跟年輕人們一起出現了。

究竟這是怎麼一回事呢？那些向來只關心「國家大事」的議員，怎麼會穿起牛仔褲，染了幾撮鮮紅的頭髮，宣稱要關心台灣的青少年了？甚至，如果我們記憶猶新，應該記得更早以前，蠟筆小新露出小鷄鷄的青少年「色情漫畫」問題，竟然也是這一群原先只關心「國家大事」的議員提出來的，不禁會感覺到奇怪，台灣政壇究竟是怎麼一回事？是台灣社會結構眞的有所變化？如果眞是如此，青少年的位置又是如何呢？

從以前的國民黨「一黨獨大」，到現在的藍綠天下，所代表的社會結構變化，其實並不僅止於政治或政黨層面而已。以往的爭議，往往是很淸楚的雙方對立，許多更次要的問題固然沒人注意，但同時也有了自由的空間。如今，對立的對象也許持續了，次要的問題也就成了原來誓不兩立的雙方都關心的共同焦點了。

然而，所謂的「關心」，往往也是壓力的來源。那些專門負責圍堵社會街頭運動的警員，如今隨著社會抗爭的減少，反而改關心到青少年問題了。譬如警方每隔一陣就推出旭日專案之類的名目，動輒拘留了數千位青少年，只因爲他們深夜不歸。

除了少數學者注意到青少年人權問題而提出異議之外，幾乎沒有哪一個黨的民意代表站出來抗議。台灣青少年的社會位置隨著這種社會政治結構的改變，突然掉進了一個很詭異的兩難困境：要嘛就站出來和整個社會、整個大人主導的社會抗爭；要嘛就乖乖按大人們的指示停止成長，永遠在大人的指揮下留在家裡和學校裡。

社會改變了，台灣的經濟也不再像二、三十年前那樣，每年都在創造經濟成長的高峰。雖然這些年來，台灣社會的經濟並不是蕭條或衰退，但也不再有持續的成長了；簡單的說，是一種富裕的停滯狀態。

雖然富裕，新的可能性卻是愈來愈沒空間發揮了。於是，新一代的台灣青少年，除了擁有更好的金錢條件，卻是面臨愈來愈沒出路的高度競爭狀態。主管教育政策的單位固然很敏銳的注意到這個問題，立即開設了更多的高中和大學來容納青少年，緩衝這種日益激增的青少年壓力；然而，相對的，正如現在大家經常提起的「高學歷高失業率」；學業上的成就（讀個碩士或博士）也不再像以前那般有意義，既不足以光耀門楣，也不再讓自己感受到同樣的自我肯定了。

社會在改變。我們的父執輩那一代是人人都有「黑手變頭家」的機會，身為成人的我們現在卻已經感受到愈來愈難出頭的競爭壓力了。至於青少年，他們所處的社會比我們當時更富裕了，但社會空間也更封閉、更停滯了。以前的人常常形容最後也是最激烈的抗爭是「困獸之鬥」；如今，青少年所處的位置不也是像一頭精力旺盛的獸，掉進了施展不開的社會困境裡？這樣的困獸所表現出來的最後掙扎，不是沒了希望的自殺，就是飆車一般的想衝破一切，否則就是藉安非他命或酒精來忘記這柵欄的存在。這不就是現在青少年最讓大家擔心的幾個社會問題？

社會結構有問題了，而青少年只是代罪羔羊。

之二

對孩子的成長最重要的家庭角色，在台灣，如今也起了相當大的變化，我們可以看到家庭的功能正在變化，而且是朝著不同方向走去：愈來愈殘缺破碎的家庭，以及愈來愈緊張而不停努力的家庭。

台灣社會向來自豪的均富神話，如今被貧富差距日益增大的具體數字所破滅了。貧窮成爲一隻悄然無聲的殘忍之獸，慢慢侵入了這個人稱福爾摩沙的島嶼。在馬英九先生還是法務部長的民國八十四年全國反毒會議裡，幾位年輕臨床精神科醫師就提出來：侵蝕台灣最嚴重的，除了毒品外，就是酗酒問題。事實上，隨著被政府刻意掩蓋的失業人口日益增加，失業的問題和其他相關的事業挫折問題，往往讓志氣被消磨殆盡的人們，不是尋求宗教就是尋求酒精的撫慰。即使繼續努力工作拒絕喪志的人們，也發覺生活是愈來愈困難，只好尋求其他變通的辦法了。

在鄉下的學校，國小或國中的老師經常抱怨在家庭訪視時，許多學生都是和祖父母在一起，而父母親則是在台北大都會工作，一年難得回來幾次。然而，年邁的祖父母管不了青少年，出了問題也只好算了。

失業或酗酒的父親往往又帶來了更大的家庭不安，除了家庭氣氛低迷，孩童沒有快樂的成長環境以外，更不幸的狀況是家庭暴力和離婚問題。在這樣情況下，社會能力較好的孩子當然以逃家來尋求其他的撫慰管道，也就是學壞、打電玩、飆車等；社會能力較差的孩子只好留在家裡，成爲這個家庭一切不幸的代罪羔羊，即使日後長大也失去了對自己的信心。

對於功能愈來愈破碎的家庭，特別是這些沒有提供子女適當避風港功能的環境，當然是很快的將青少年釋放到外界來。再加上這些年來，學校的功能愈來愈萎縮，根本容不下這些失去家庭的青少年；於是，青少年也就只好走到街頭來了。家庭的父母和學校的師長都沒辦法提供眞正貼到心坎的關心，甚至只是因社會壓力而不時的懷恨或氣頹，這樣長大的小孩當然也就天生無情了。

另一方面，隨著這一切的社會動亂，以及逗留遊蕩的青少年日益增加，許多盡職的父母親感到外界的威脅，也就愈來愈戰戰兢兢了。尤其近年來，隨著經濟和時間的壓力增加，如果還是重視家庭功能的夫妻恐怕愈來愈覺得教養孩子的不易，平均生育的小孩通常不到兩個，甚至只有一個，也就發生「三千寵愛在一身」的現象了。

父母親的擔心在出發點上是正確的；但是，因爲擔心而產生的不放心態度，卻是許多問題的來源。

在這樣家庭長大的小孩，如果他對人際關係或互動夠聰明，自然就學會了利用父母的這種不放心來達到予取予求的目的。在家裡，他也許不一定是天之驕子，但至少是全家人心情起伏的關鍵；然而，到了外面，他的表面一副「酷」的模樣，其實只是一種沒有信心的表現。這種既自大又自卑的態度，也就是我們目前「酷」文化的一部分。

相對於這些擅長利用父母親的青少年，許多對人際互動不是這麼敏感的青少年，則是被家庭的愛和不安所綑綁了。他們的人生從吃奶、吃飯一開始，就被安排得好好的，甚至連腦袋該想什麼也是被安排的。這些小孩長大以後，父母經常抱怨太被動了，閩南話稱所謂的「懦性」。殊不知，從出生下來，一切都被安排好了，也失去了自己思考人生的機會，當然沒有那種成長的動力了。

然而，這一切保護和不放心，隨著不得不的自我成長開始發生，獨立和依賴之間的拉拔掙扎，像一個人和家庭血肉淋漓般的撕裂痛苦，自然帶來更混亂的叛逆期。

之三

因爲家庭功能的兩極化，我們對青少年的成長恐怕是要用至少兩種以上的模式來看待，而非單一的成長模式了。

然而，有趣的是，這些不同家庭環境與成長軌跡的青少年，一旦釋放到社會上來，都是崇尚著這種「酷」的文化。

「酷」是一種外在行爲的總稱，其中包括了在人際關係上拒絕貼心的親密，對別人的內心無法同理的去感受，對外在事物充滿沒有信心的恐懼。但同時又不願流露出恐懼的表現而讓別人看扁了，以及所採取的一種保持距離的自我保護方式。

這樣的文化反映在男女關係上或男女差異上的，是有些不同於台灣傳統的男女，但也不是全然不同。我們很難說是進步了，還是更倒退了。

在男性方面，雖然新新人類有更多的比例的確做到男女之間的彼此尊重，但是，親密相處的課題還是一大難關。然而，更讓人擔心的，是一群自幼就被社會和家庭拋棄的青少年（包括男女）。他們自己成長，自己在人的叢林中倖存下來，學會了弱肉強食的無情，所有的人際關係（包括兩性關係）也就陷入了這種極端的權力宰制態度了。

在女性方面，同樣是有著這樣無情看待人際關係、以生存爲唯一法則的青少女。然而，不只是這點類似於男性，其他女性最大的改變其實也就是愈來愈男性了。許多優勢是傳統男性獨有的，如今也可以在女性身上看到了：獨立、果決、爽朗、「酷」……。這樣的演變是應該的，但是，該努力邁向前的道路並不僅只於此。男性因爲這些優勢而無法面對自己的親密問題，而青少女不也可能如此？而且，雖然有了一些優勢上的平等，但這並不代表男女就是平等了。傳統的價値觀，畢竟還是根深柢固存在現代生活中，活生生展現了它的影響，雖然社會出現了新的問題，但舊的問題並不是那麼容易就消失了。

究竟新新人類會是怎樣？他們有什麼不同？又有什麼問題繼續延續著上一代的困擾？這是永遠需要繼續思考的。

開啟殺人之門，釋放內心的困獸

台灣的社會變化，特別是新的趨勢和新的問題，往往可以在日本的社會看見，只不過是慢個八年或十來年罷了。宅男腐女如此，隨機殺人如此，連校園凌虐的問題，也是如此。熟悉近來台灣校園文化的朋友，如果看完東野圭吾的《殺人之門》，想必也和我一樣，對書中的「我」，也就是田島和幸，感到十分熟悉。

我想到曾經有一位國中二年級生被帶到我的診所，他整個身軀用最退縮的姿勢幾乎要從診療椅上找到縫隙隱身消失。而父母的沮喪雖然強烈，卻掩不住他們的羞怒。原來是他們的小孩在學校向同學勒索，雖然不是太嚴重，對方家長也原諒了，校方還是要求父母做適當的處置，他們也就出現在這裡了。

「怎樣的勒索呢？」我問這一位國中生。極其恐懼的他好不容易開了口，卻又不知如何說起。他的結巴和緊張，絕不是臨時嚇到的，絕對是原本就是容易焦慮的內向特質，只不過遇到緊張的情境又加重了。

「勒索」原來是他幫班上的「大哥」跑腿，去跟另一位跟他一樣內向的小孩「借」錢。去年升二年級時，學校重新分班，他要去面對一批從沒見過面的同學，簡直是嚇壞了。這是他長年以來的問題，每次到新環境，他都要花好久的時間才能適應。更別提微微的口吃，讓他甚至不敢靠近同學的聊天圈，唯恐有人問起話時，會發現他是緊張的講不出話。

國中一年級時就被其他同學欺負了。一開始是要他幫忙跑腿到福利社買零食飲料的；後來連錢也不給他，就說先欠一下以後會還。有一次被欠許多錢的他終於鼓起勇氣開口說沒錢了，還來不及說要錢，那幾個同學就已經大聲嘲笑，他也緊張的啥都聽不見了。他覺得丟臉極了，那個晚上幾乎完全沒法入睡，也第一次從爸爸的口袋偷了一張百元鈔票。幸虧一年級結束，分班的結果也就不用見到那幾個老是使喚他、佔他便宜的同學，的確是鬆了一口氣；可是面對幾十個幾乎都是陌生的同學，他又有點不知所措。

在這個新的班級才待沒多久，班上那一群囂張的傢伙才剛剛臭味相投結成一黨，他就又被使喚買飲料且拿不到錢了。他鼓起勇氣向父母講明，再也不偷錢應付那些需求了。爸爸媽媽第一次聽到這樣的事，立刻反映給導師，那幾個傢伙也就被叫到訓導處給狠狠挨了一頓訓，連他們的爸媽也出現了。終於，他覺得自己有一股以前從來都沒有的成就與自信。只是好日子並沒有維持很久。那些同學雖然不再叫他去跑腿，卻是用嘲弄的口氣說：「哇！那個眞正有夠厲害的傢伙來了，好可怕，好可怕唷。」「怎麼沒帶你爸媽一起來上學呢？」不只那幾個同學，甚至班上大部分的同學都是用同樣的眼光嘲笑著——至少他的感覺是這樣。

他開始明白，原來父母和師長的正義，都是暫時的。只能一場震怒，終究有消失的時刻；而校園裡弱肉強食的生態，卻不會因爲你幾天的驚人雷電就改變了。

其實他是孤獨的。

他需要朋友，即使是最差勁的朋友也無所謂。也許這就是當初那些混蛋同學找他，甚至當他像傻瓜一樣使喚他跑腿當小弟，他也甘之若飴的緣故。他從來都沒有太多朋友，國小那些同學只是搶著當老師眼中的乖寶寶好好表現的緣故，才對他這個可憐的傢伙表現出大好人的模樣。他只是朋友們表現的工具，只是陪襯用的玩意。從來沒有人需要他，只有他需要別人。自然的，這些使喚他的壞傢伙，雖然可能是居心不良的，但卻也讓他有著被需要的成就感。

於是，他開始跟在這一群欺負他的人的身邊，開始跟他們同進同出。他覺得威風極了，班上其他同學再也沒有人敢看他不起。就這樣，他開始爲老大們跑腿，包括幫忙勒索等等。東野圭吾《殺人之門》裡的田島，在中學以前也有類似的處境：一位寂寞不惹眼的小孩，充滿孤獨和不安全感，於是渴望朋友而積極去迎合和信任朋友。

一九八五年以《放學後》獲江戶川亂步賞的東野圭吾，似乎對校園文化有著深深的著迷，包括《畢業後殺人遊戲》、《學生街的殺人》等等。台灣推理小說評論家認爲東野當初之所以投身推理創作，就是讀了小峰元《阿基米德借刀殺人》而感動。這部作品也是校園推理。只是，也許東野圭吾注意到日本社會八〇年代以後愈來愈複雜的校園問題：從凌虐殺人到拒學繭居等等。被視爲本格派推理小說家的東野，就這一點而言，似乎也可以稱爲社會派，或者是試圖結合這兩派的推理作家。

我前面提到的個案只是一個例子，但在當今台灣社會裡，校園問題是愈來愈嚴重，有更多的田島現身，簡直像極了日本的校園，只是慢個十到十五年而已。

二〇〇五年八月底，台灣兒福聯盟發表「台灣區兒童校園非肢體霸凌現況調查」。霸凌是英文 bully 的音譯，指的是人們之間利用權力的不等來進行欺凌與壓迫，產生可能長期持續的惡意欺負。過去一般人會注意到肢體上的欺負，容易發現也就容易制止；但是非肢體的霸凌不但複雜，也不容易處理。

遭遇到非肢體霸凌以後，這些孩子未來又如何呢？

像我前面提到的那一位個案，他也許因此膽怯，卻再也得不到父母或老師的支持了。他不知道怎麼去面對外在世界，只好將自己封閉起來，從此像《電車男》裡的男主角山田剛司這樣的「宅男」，在現實世界永遠是一個人，只有網路裡自己的表情不會被看到，自己聲音洩露的情緒也不會被聽到。在這樣的情況下，才能用文字來交到朋友。如果再嚴重一點，可能就會變成整天在家不出門的「御宅族」或「繭居族」，像《池袋西口公園》裡，專門幫男主角透過房間窗戶進行監視的森永和範。但是還有一種可能，就是像《殺人之門》裡的田島，他是慢慢靠向「弱肉強食」的生命法則。

田島的成長過程就是一連串的失敗。身爲牙醫和世家繼承人的父親，不但太太離家出走，愛情再三受考驗，事業一蹶不振，連本科也做不來，最後是散盡了家業，終日酗酒，成爲地方上的笑話。面對這樣失敗的父親，田島的童年恐怕是充滿自我懷疑的：原來小時候那麼偉大的父親，最後也不過是個小癟三，那麼血液中流著和他一樣成分的我，現在即使有些事物感到自信，會不會也是假象，人生終究還是如宿命般勢必一無所成？更何況，自己是連媽媽都不要的小孩。

面對家裡的狀況如此，面對外面的世界更是如此。家族的失敗是社區裡眾人皆知的八卦，田島於是在同學之間永遠抬不起頭，甚至轉學換校了也不見得能擺脫。更何況他自己也沒啥可以肯定的：既沒有好的成績，也不是學校風雲人物，更不是田徑場上搶眼的運動高手。或者說：甚至每天眼睜睜看著「偉大的爸爸」的失敗，不可能有任何對自己未來的信心，也就不可能有任何的成就了。

忽然，有倉持這樣的「正常」同學出現，所有自己無法滿足的期待，都投射到這位同學的身上。倉持家世雖不怎樣，但功課仍可以比他傑出，人際尤其不錯。他顯然是擅長社交的，田島和他比起來，簡直是小孩和大人的差別。沒人理睬的田島，內心的孤獨和自我懷疑是可想而知的。自然的，當倉持接納他爲朋友時，田島是多麼的高興。

田島是如此的孤獨，對倉持的需要是如此強烈。田島是不斷被倉持欺騙的，從小到大：小學時五子棋被詐賭、冒名同學收到二十三封寫「殺」的明信片詛咒、高中打工時自己愛慕的陽子被搶甚至造成她後來的自殺、出社會後被騙入不同的直銷、也被騙入一場虛設的婚姻……。雖然每一次是百般信任倉持，最後卻是落到被騙得一無所有的下場。這樣的遭遇，幾乎都可以激起想要報復的心態，甚至玉石俱焚都無所謂。這時的田島，自然就將自己推向「殺人之門」，甚至有時還準備好就要行動了，譬如國中時含汞鯛魚燒的計畫。只是，即使再懦弱，所受的委屈是十分令人憤怒甚至抓狂的，但是內心深處的善，從小家裡還算健全時，身爲小孩而獲得父母些許的關心就可以建立起來的「善的本質」，又將田島拉回理智，終於沒跨入「殺人之門」。

殺人是很容易浮現的念頭。家庭破碎後轉學的田島，因爲是轉學生，遭到加藤爲首的一群同學的集體霸凌，當時就出現這樣的念頭：「我要殺掉你們，我總有一天要殺掉全班的人！」只是眞正的行動卻是很容易受到內心深處的善念和外在社會殺人行爲的不易而阻擋延緩。

然而，像倉持這樣，幾乎如鬼魂一樣揮之不去，總是在好不容易打消對他報復的念頭後，又纏上身來。當田島的善良又再度受騙，一次次被推向「殺人之門」，終有一天還是會跨進門檻的。

殺人，是可以理解的。

一九九九年四月二十日，美國科羅拉多州科倫拜高中發生震撼校園的槍聲，十五個人死亡，二十三人送醫急救。殺人的那兩位同學，其實就是田島和幸這樣不惹眼的同學。同樣的情形，也出現在二〇〇七年美國維吉尼亞科技大學，一位獨行的韓裔男子持搶殺了同校同學。

殺人原本很難發生，只是內心本質的善良逐漸死亡後，人的心態像困獸一樣，終將要最後一搏。像科倫拜高中那兩位同學，他們在殺人之後也自殺了，是存心同歸於盡而不懼的。

《殺人之門》這個故事訴說著人的善良如何被社會結構一步一步摧毀，乍看之下似乎有些不可思議，其實是十分寫實的，甚至在台灣，如果你夠敏感，如果你能同理弱勢，像田島和幸這樣的學生，幾乎也處處可見了。

我看著自己眼前的這一位國中二年級學生，不禁擔憂起他未來還十分漫長的人生。他可以在校園裡存活下來嗎？他可以跨進更殘酷競爭的世界嗎？還有，他的父母可以理解現在的國中校園，在他們的兒子眼中，其實是十分恐怖緊張，絕不輸遊樂園的鬼屋嗎？在會談室裡，不知是否有些晚了，忽然覺得有些光線不足，黑暗開始籠罩上來。

延伸閱讀

- 《放學後》，（2009），東野圭吾，臉譜。
- 《殺人之門》，（2005），東野圭吾，商周（獨步）。

- 《電車男》，（2005），中野獨人，平裝本。
- 《池袋西口公園》，（2004），石田衣良，木馬文化。
- 《阿基米德借刀殺人》，（1997），小峰元，台英雜誌。
- 《卒業：雪月花殺人ゲーム》，（1989），東野圭吾，講談社。
- 《学生街の殺人》，（1987），東野圭吾，講談社。

篇四

在社會的跑道上

愛麗絲不願離開仙境

入夏的陽明山，臨午以後背陽的蔥綠後山，無數的祕密氣孔忽然掀啓，整個山谷洋溢著一股沁涼的歡樂。遠遠的登山道，一群人慢慢走下山，沒有太多吵鬧，卻是一點也不沉靜。

難得公司一起出遊，竟然天時地利皆配合了。小湜的臉龐緊緊挨著媽媽的後肩，也開心的笑了。

媽媽是公司裡的重要主管，這一群人的出遊也都唯她馬首是瞻。大家不斷揣測她的心意，竟日詢問是否需要休息，需要幫忙，不放棄片刻殷勤的機會。

小湜跟著一旁，歡喜看著敎自己崇拜的媽媽，一切的應答都在不卑不亢的微笑中流露無遺。當然，小湜跟著一旁，不免也成了衆人讚美的目標。

讀台大呢，已經大學四年級了，居然還這麼乖巧地陪著媽媽，對每一位同行的長輩都是同樣的斯文有禮。

小湜有點得意，卻又立刻對自己的得意覺得害羞，快快低下頭了，只是，偶而遇見媽媽公司裡今年才新進的員工，幾個高職剛剛畢業的年輕女生，正俐落熟練的處理著一切郊遊中的大小事宜，她又不禁難過了。

天呀，她們才高中剛畢業，比自己整整小了三歲，爲什麼那般成熟呢？

更難過的是，那些新進下屬總是帶著十分親切的眼神，刻意用嗲嗲的聲音問說：「妹妹好漂亮哦，讀哪一所高中呢？」

自己不是已經大學四年級了，為什麼這些比她還年幼的女生，竟然會這麼說呢？她的心情不禁隨著下坡的階梯而迅速跌落，幾乎撞進了黝綠的山谷。

媽媽可以感覺到女兒似乎是難過的。雖然小湜還是嘻嘻哈哈的，一路跟同事們有說有笑，但是，敏銳的媽媽立刻感覺到一些微妙的差異。是笑容較不自然了，還是整個身體動作顯露的快樂太誇張了？走在山徑上，偶而一回頭瞧見了小湜的快樂眼神，她又覺得可能是自己多疑了。

整整一天的公司夏遊，在晚上的聚餐結束以後，終於各自回家。小湜一踏進門，順口說是要換衣服，就躲進自己房間了。

她靜靜看著鏡子裡的自己，整齊削薄的短髮，白色蕾絲邊的公主裝，一臉還是天真無邪的模樣，忽然淚珠汩汩不止了。鏡子裡的自己，居然跟五、六年前北一女時的打扮，甚至十多年前還在國語實小的可愛模樣，幾乎都是同樣的風格與穿著，所差的不過是尺寸隨著年齡而放大罷了。

到了門診的小湜，已經無法自拔跌入憂鬱的深谷。她擔心著說，自己是不是走不出《綠野仙蹤》的桃樂絲，是不是永遠停留在仙境漫遊的愛麗絲？

其實，嚴格說來，她是大二的學生。高分的成績順利考上這一所大學以後，班上同學們都彷如解放了一般，歡欣的享受自由，而她自己卻在突然失去了要求和命令以後，不知如何活下去。她陸續休學了兩次，可是家裡的人，也包括她自己在內，都默契十足的繼續宣稱她是順利升大三、大四了。

系上有許多剛剛學成歸國的年輕老師，開的課都是國外最先進的思潮，自然也帶動了同學們求知的狂熱，甚至許多堂課都擠滿了別系風聞而來的學生。

第一年，她也跟著大家選了這些課。

她想當然耳的坐在教室的第一排，就像典型的乖乖牌該有的行爲。然而，教室裡四周湧上的熱烈討論，她卻幾乎插不上嘴，彷如是全面炮火中的唯一寧靜土。女性主義、酷兒理論、多元文化……這一切和她原來的世界，實在是太遙遠了，甚至是直接槓上的矛盾。她以爲靜默就可以解決一切，只是，即使她不想發言，可是上課討論的一切，偶而還是隻字片語的飄落在她腦海，開始發酵，開始作用，慢慢的，動搖了她從小就堅信不移的乖乖女人生觀了。

怎麼可能這樣呢？難道以往媽媽和長輩們的想法全錯了？不行，要尊重自己的家長，要忠厚孝順，怎麼可以有這種背叛長輩的念頭。然而，她想站起來發言反駁，卻又覺得同學的討論確實有一點道理。腦海裡出現兩股聲音，相互矛盾，卻都找不出任何的疑點。兩次的休學，都是在這樣的矛盾下，陷入了沮喪的幽谷，只能再回到媽媽的懷抱裡。

後來，不自覺的，她選課的傾向愈來愈多是系上老一輩的師長。坐在這些彷若父母的老師們的教室裡，上起課來習慣多了。就像在家裡，她只要乖乖聽話，安靜坐在第一排，然後整整齊齊的整理筆記，就可以從年長老師們憐愛的眼神中，確定自己依然是完美而傑出的。

就像一個人坐在房間裡的她，看著鏡子裡的自己：乾淨、可愛而乖巧。這全是美好的誇讚用詞，可以教她振奮自己的心情，肯定自己的好。然而這些形容詞對她而言，似乎又嫌太年幼了。

就像媽媽公司裡那些比自己年幼的新進員工，她們竟然對迎面走來的登山男士品頭論足，甚至還從他們的體力公然評估可能的性能力。天呀，多麼丟臉的骯髒話題。可是她又忍不住想起那些年輕女子白天的談話內容：「男生的鼻子大小眞的和『那個』的尺寸有關？」這樣的念頭一出現，她立刻又不准自己想。她只能天真無邪的笑笑，像洋娃娃一樣，彷如什麼也聽不懂。

可是，在門診裡，小湜卻哭了。她說：一半的我，好想跟她們一樣，可以談戀愛，談談男生的八卦；可是，另一半卻是糾纏不放，想繼續躺在媽媽的懷抱裡。

在會談時，小湜忽然抬起頭，四處看看門診診間。一陣寧靜後，她問說，「會不會永遠走不出去呢？」她這問話，就像急著往前走的桃樂絲問說：「會不會走不出這一畦與外界的時間和空間都隔絕的綠野仙蹤呢？」

我有點難過，卻又覺得高興。如果她發現綠野仙蹤就是她身處的空間，這也表示她知道綠野仙蹤之外還有不同的世界了。只要知道宇宙之間有其他世界的存在，要走出去也就不太難了。

善意的囚房

台北來的航空客機正要降落，逼近地面的巨碩身影，感覺幾乎要貼近屋頂了。隆隆的噪音裡，磚造的平房卻絲毫沒有動搖，屋子裡的人們照常嬉戲或工作，就像這月正盛開的澎湖天人菊，在掠過的陰影下，依舊鮮艷綻放著。

我們敲門，跨進門檻，立刻清楚的感覺到屋子裡冷漠的抗拒氣氛。老祖母踽踽走來，典型澎湖腔的沉重口音，不悅的問道：「汝到底要做啥米？」

這一趟來澎湖，是幾個月前同事的邀約。她說，有沒有興趣去演講呢？後來，負責澎湖學校輔導研習營的老師打電話來了。我提議了幾個題目，譬如行爲偏差輔導、考試焦慮，或青少年同性戀等等；電話那一頭稍稍遲頓了些時候，主動問說也許可以談談校園裡的愛滋病吧。

校園裡的愛滋病？我才想起多年前喧嚷一時的社會新聞。一下子之間，我不知自己對這個問題是否有足夠的了解，也就沒給任何肯定的回答了。

研討會是安排在星期一，我自己則是週末的早上就來到馬公了。整個島嶼依然一樣美麗，藝品店和海鮮鋪還是繁華依舊，我去探望經營「澎湖故事書」的朋友丘緩，雖然店遷到另一個碼頭了，與他們一家人還是一樣熟稔。

多少年前，我不記得了，曾經來支援這裡的省立醫院。那是即將進入寒冬的時刻，我一個人住在馬公市郊外安宅村旁的精神科病房。空曠的島嶼，總是忍不住冬夜的冷清，經常騎著摩托車晃蕩，恍如飄浮在強勁的海風裡，迢迢地到丘緩夫妻剛剛開始經營的小店，索取些許的溫暖。

冬天的勁風幾乎阻斷了居民的來往，而夏天喧囂的觀光客又沖散了好不容易凝聚的些許社區感。

再一次回到馬公，週日的清晨就早早來到愛滋帶原小朋友阿宏的家。

我只是想了解，當年因爲媒體曝光，一切隱私都被剝奪的那位因爲輸血傳染而愛滋帶原的小嬰兒，究竟怎麼了？近來，可好？

我內心有許多揣測，想像現在的他正值青春年少歲月，究竟會有著怎麼樣的個性？我在心裡依據過去的資料，再加上這些年來的成長環境，腦海裡醞釀各種極端差異的假設，這些是臨床的基本訓練。只是，這一切龐雜的假設，在門口的那一剎那，全被推翻了。

也許是自己醫生的身分，也許是之前長期和他家人保持連絡的社工張麗玉，幫忙打過招呼，我的來訪終於獲得他家人沉默的同意。阿宏的弟妹在客廳快樂玩耍，在每一張找得到的紙張上繪出各種世界，而阿宏早已經閃回到自己的房間裡了。

一個人坐在有些陰暗的床鋪上，逆光的角度還是可以感覺到他驚慌的眼神。我很努力的嘗試交談，直覺的感受到眼前溝通的難度，遠遠超過了一般。

我忘了是通過怎樣的關鍵點才終於打破僵局的，也許是在他告訴我以後立志要當警察，也許是我坦然談到我來的目的吧。

在任何社會領域裡，團體之間不自覺的潛在運作機轉，往往將阿宏這樣的帶原者加以邊緣化。他們必須部分隱藏的身分，永遠無法自在處在普通的社會情境裡。甚至，即使是心理建設足夠了，決定站出來要以自身經驗來做爲大衆的教材了，但卻在媒體的關心熱潮消退後，往往發現自己必須面臨周遭親友或一般人的隔離態度。

阿宏的身分在他小學階段又一次曝光。班上的同學，即便是關心阿宏的那些鄰居，也都一一遷出原來的學校，最後只剩阿宏一人。台北來的政府官員和愛滋團體，在馬公街頭陪阿宏和他一家遊行後，就乘飛機離開，一切回到原點，都沒改變。

社會學者早已經指出，所謂的歧視，其實是比我們想像的更廣泛。特別是「天眞無知的歧視」（innocent prejudice），會不自覺將對方特殊化，這過程其實往往是自己無從察覺，有時甚至還自以爲是善的舉動。

後來，阿宏的媽媽談到了媒體的傷害，提起某個電視台的製作單位硬行採訪，明明答應不拍攝任何畫面，隔沒多久他們卻在電視機上看到自己的影像。也許純樸的他們，永遠都不知道假裝只是放在膝上的攝影機，其實是照常運轉的。

在那一次的電視播出以後，阿宏幾乎再也沒去馬公市，甚至極少出門了。除了每天父親接送上學，學校裡有一位一直支持他的王老師，還有後來陸續轉學回來的五位同學。然而，放學後的阿宏開始將自己孤立在屋子裡。

那一天下午，我們終於約好到鯨魚洞走走。這個決定是相當不容易的。從他快速閃變的眼神，可以看出內心正劇烈掙扎著。一方面，多麼盼望有出去走走的機會；一方面又害怕任何可能遇到的眼神。當然，也害怕陌生的我們，和我們手上的相機。有太多的好人做了太多他不了解的事。

我們走在小門嶼的海邊草原。同行的攝影朋友索性將照相機交給他，才足以教他放心。然而，他還是忍不住頻頻回頭，望望後頭的媽媽，似乎那才是眞正的安全基地。他雖然十二歲了，但是，強烈的分離焦慮混合著陌生焦慮而帶來的不安全感，卻應該是四歲或五歲孩童才會有的反應。

一群遊客迎面走過來，走在旁邊的我立刻可以察覺到他微微顫抖的驚慌。我站在一旁，有一點激將式的鼓勵他：拿起相機，將他們拍攝下來。他卻是害臊閃躲了。直到幾次重複的練習，正回頭時，他才好不容易躲在我身體背後，偷偷拍了海邊涼亭休息的三位警員——隔著極其遙遠的距離。

照相機原來就是充滿了心理意義的裝置。拍攝的動作曾經在十九世紀被視為勾魂懾魄的巫術，並非是全然沒道理的。至少，就心理的潛在機制而言，這是一種隱藏的攻擊性。如果有機會去分析喜歡攝影的朋友們，恐怕在他們無畏的拍攝動作裡，其實有著更深層的社交恐懼。而相機只是保護自我的面具罷了。

然而，對阿宏而言，即使是擁有了這個兼具攻擊功能和保護作用的工具，他的害怕還是讓自己本能應有的積極性（aggresivity）壓抑下來了。

在出遊的過程，媽媽也一直處於恐慌的狀態。她說，自從電視播出偷拍的專題以後，走到馬公市，即使是紅燈而停車，都可以感覺到人們偷窺的眼神。自然而然的，在告訴我們這些事情的同時，她忍不住隨時監視我們是否還偷藏著第二只照相機。

後來我們繞到西嶼燈臺。這些都是旅客們到澎湖必遊的風景點。媽媽說，自從隨丈夫到澎湖，這些地方從沒機會來過。說出這句話的時候，媽媽沒有任何哀怨，而是天生認命的任勞任怨。

阿宏則是一直亢奮著。因爲，從數年前誼光基金會的鮑叔叔帶他出門後，除了上台北檢查，再也沒敢出外到處走走了。

喧囂一時的新聞事件結束了，許多善意的眼神卻留下了抹不去的傷害。主其事的衛生單位，曾經自豪愛滋宣導的「澎湖模式」，究竟成就了什麼呢？經常固定來探望的台大醫院社工人員張麗玉小姐，以及學校的王老師，成爲阿宏和媽媽少數敢信賴的對象。但是，除了這些單薄的人際關係，媒體的關懷和社會的善意，卻是打造了一座無形的囚牢，教阿宏無法走出去。

星期一的輔導研習會，澎湖許多的國中或國小的校長或主任都出席了，連教育局長也從頭到尾沒離席。我可以感覺到大家誠懇的善意，對學校的期待，還有，在重重無力感中依然堅持的努力。

我將研習會的題目改爲「少年與社會」，從青少年與大人世界之間經常出現的格格不入感談起。

台灣的社會正激烈變遷著，家庭的功能因爲家庭成本的提升，而被迫縮小了。那些提早從家裡釋放出來的青少年，究竟游向何方呢？

這是一個必須坐下來好好思考的問題。畢竟，我們大人們總以爲自己將最好的一切都給他們了。但卻常常忘了即使是善意，也可能造成無限的傷害。

阿宏身處的那一座看不見的囚牢，不就是我們社會的善心打造出來的？

飛機隆隆飛過，說不出來的壓迫正從空中不斷掠過。

男孩不要哭！

朋友因爲妻子工作的關係，獨自帶著兩個兒子參加大夥的登山聚會。一路上，他不時的說：「誠誠不可以哭，男生哪，看哥哥是怎麼做的，多棒。」又一會兒：「哥哥要照顧弟弟呀，自己要做好榜樣。知道嗎？弟弟發生任何事，都是你的責任。」走在山路上，身兼父親的朋友，忽然變得像統領三軍的大元帥了。朋友們笑說，以前老婆還在的日子，他可悠哉自顧自地走路，連二等兵都談不上。

男生不要哭，男生要厲害，男生要有尊嚴，男生要負起責任：似乎，只要是身爲男生就是有一大堆的準則去依循。儘管婦女運動後期，開始有很多人質疑這樣的性別教育，但，在實際上卻依然困難。

我曾經問過一位在大學任教的朋友，學生時代都一起十分支持男女平權的，他就辯說：「可是應該教成怎樣，小孩才不會被質疑和嘲笑呢？」一起爬山的這位朋友更誇張，他向來在公司是以領導統馭聞名的主管，堅持對兩個兒子進行更嚴厲的教育，只因爲他十二歲那年就帶著八歲的弟弟投靠美國姑姑家，父親便要求他身兼父職：「只要弟弟犯了錯，都是你沒教好。」他認爲當年在海外雖然是辛苦極了，可是，這一套管教卻養成他現在在商場的彪悍風格。

「因爲要生存，所以要競爭。」似乎就成爲我們對男孩們從小就開始有無限要求的緣故。然而，這種對男孩情緒壓抑給予無限讚許的教養理由，眞的存在嗎？

在八〇年代，大家開始意識到男女教養態度的差異時，強調的是「男女的差異是後天文化鼓勵而成的」。女孩玩芭比娃娃，男孩玩戰爭遊戲，是我們社會牢不可撼的性別角色，透過包括媒體和父母教養態度在內的社會文化，一代又一代複製下去的。只是，如果以這樣的方式進行教育，小孩長大以後，如何去面對男女角色刻板要求的世界呢？這是我那位當年也參與男女平權運動朋友的困惑。

當然這是很複雜也很龐大的一個討論。「（男）人就一定要競爭嗎？」「成功的競爭就一定要剛強或壓抑情緒嗎？」甚至是「成功的定義到底是什麼？」等等一大堆更根本的問題。

這些問題雖然還沒討論，我們社會結構卻是急遽變化。社會結構上貧富距離愈拉大，社會形成也就愈來愈單一了。特別要說明的：貧富拉大並沒有證據必然會造成社會單一化，但卻是會帶出人們面對未來、面對生活的恐懼，而恐懼又讓我們變得保守了。

於是，當面對教人戒慎的未來時，所有的父母，不論保守或曾經進步的，都選擇了威脅最小的一條路，當然也是約定俗成的、最沒有創意的一條路。

然而，回到男人的情緒這一個議題：這不只是事業成功的問題。前面談的，似乎是很重要，但也僅限於事業成功的強調。然而，家庭幸福呢？個人快樂感有意義嗎？

男人情緒的影響面當然不是事業成功與否。在《該隱的封印》就清楚提出這一點。在《Boy Talk 男孩，大聲說出心裡話》裡，身為心理治療師兼發展心理學者的作者瑪麗．波絲（Mary Polce-Lynch）也清楚說明這一點。男性如果將自己局限於事業，成為僅僅只有工作的動物，不免也太悲哀了。

波絲在書中還更進一步提出如何協助男孩處理情緒，如何避免不必要的壓抑。她依循著發展的不同年齡，提出更具體的建議，十分貼近父母或師長的立場，自然也就更為可行。

男孩不要哭？希望有一天每個人對這答案都是否定的，甚至是清楚發現：有淚的男孩，才是有現代社會能力的男孩。

延伸閱讀

- 《Boy Talk 男孩，大聲說出心裡話》（*Boy Talk: How You Can Help Your Son Express His Emotions*），瑪麗．波絲，（Mary Polce-Lynch），久周。
- 《該隱的封印：揭開男孩世界的殘忍文化！》（*Raising Cain: Protecting the Emotional Life of Boys*），（2000），麥可．湯普森（Michael Thompson）、丹．金德倫（Dan Kindlon），商周。

菟絲與大樹

如果你手邊也有辭典，隨意一本，自然可以找到這個名詞：「菟絲」。

【菟絲】，一名「菟絲子」，蔓性草本，旋花科，無葉，綠莖，纏繞他種植物而上，初秋開淡紅色的小花，結實，子可做藥。

她一再避不見面，我終於豁出去了，我對著所有人大喊：「我與她才是夫妻啊！這幾年我們一同洗澡、一起做愛，她是個徹徹底底的女同性戀！」她家人全認為我瘋了，她先生更揚言要找警察，沒有人相信我講的事實，更不相信女同性戀的事情會在他們周遭發生。

就在一片混亂之際，不知為何，我父母竟也趕到台北，加入這團亂戰。從不向人低頭的父親，因著歇斯底里的我而不斷向她家人賠不是，看著父親如此低聲下氣，更令我怒不可遏。在被父親強拉上車前，我撂下一句話：「在她結婚一週年當天，會在她家門口發現我的屍體。」直到今天，我仍抱持這個念頭，我為自己買了高額保險，受益人為最心疼我的爸媽，希望能為我的不孝做些彌補。……

——〈真實故事〉，《G&L熱愛》雜誌第一期看完這則眞實的故事，忽然想起「菟絲」這種「纏繞他種植物而上」的草本植物。曾經，瓊瑤的一本小說拿它當書名，也是用它形容書中女主角的個性。在小說裡，菟絲的羸弱以及伴隨而至的無止盡災難，總讓我們不忍，總讓我們生出基於憐惜而想要保護她的心。

在我們生活周遭，菟絲花絕非罕見。

因爲社會對兩性角色的建構機制，這種性格的人雖然偶而會是男性，但通常還是以女性爲主。有時，她們是幸運的依附者，可以找到自己滿意的大樹。但，這樣的情形經常無法長久。大部分的時候，她們彷如是天生的不幸者，永遠擺脫不了噩運糾纏似的，同樣悲慘的事件發生在她身上永遠都來得更慘烈。就像〈眞實故事〉裡曾經提到的：「她的身體一向虛弱，尤其每次生理期總會痛得天翻地覆，瘦弱的身子往往承受不住而暈眩。」

她的悲苦，雖然我們不一定親眼目睹，但一旦經由她欲言又止、最終還是吐露的敘述方式，那悲苦聽起來就一定比別人來得慘烈。而如果是親眼目睹她那飽受煎熬的身心狀況，她的不幸便更具有說服力。

她是菟絲草，是要攀沿在他種植物上才可以讓生命稍稍昂立的。然而，可以支撐她、保護她的強壯植物，往往也就是在她這種悲劇氣氛下，不知不覺被吸引，甘心任勞任怨付出一切。於是，「眞實故事」裡的「她」像個「小女人」，可以讓「在家人及朋友眼中一向樂觀開朗的我」，開始發揮母愛，在「相處近三年的時光中，每回她生病，我不曾離開半步，不吃不睡的緊握她的手」。

只是，也因爲她是菟絲，是要繼續攀沿的，到了某一高度以後，自然也就習慣性的尋覓下一株更強壯、更高大的植物。這種騎驢找馬的行爲，是蓄意欺騙嗎？很難做這樣的價值判斷。因爲，在她的生命中，如何在安全的前提下，尋找到最強壯的依賴，已經是她潛意識深處要活下去的遊戲規則了。

請注意，也許果眞是從小的百般不幸，使她對周遭隨時保持警覺，因而學會察顏觀色，學會直覺的分辨怎樣的處境才是安全的，因此她不輕易攀附，而只是針對她有把握的對象。一開始，就像大多數的女性一樣，她的朋友也是以女性爲主。她所吸引的或是較有把握的，也就是在女性友伴中較具俠義氣質或領導角色的一位。如果，對方剛巧是女同志，戀情也就發生了。

只是，她本身是同性戀嗎？這個問題很難回答。畢竟，在她的性格中，依賴的程度是如此明顯，自我認同也就往往尚未完全分化成確切的性別取向了。對她來說，不管是同性戀還是異性戀，重要的往往不是兩人之間的愛情，而是她的依賴、安全和控制欲望的滿足。

在這個異性戀霸權的社會裡，只允許異性戀婚姻的法律制度可以保障她的異性戀關係，卻無法帶給她的同性戀關係任何的安全感。因此，除非她的男人是虐待、毆妻或有其他嚴重缺損，否則，任何異性戀關係都要比同性戀關係來得安全多了。一開始的時候，她可能因為可行性，先和自己周邊的女友發生同性戀關係，等到她的社會關係拓展開了，認識的異性夠多了，自然就能找到可以提供她安全依靠的男性。但是，這個男性不一定是終身伴侶，如果還有尋得更強壯男性的機會，這株菟絲花還是會「跳槽」的。

正如前面所說的，她從小便將生存不易的危機意識，內化成潛意識深處的遊戲規則；巧妙的謊言，往往就發生在下一步探索之際了。她的手機開始出現重複的號碼，她的決定有不為人知的苦衷，就算她懷孕也都是無辜的。她的謊言是天真無知而教人憐惜的，甚至起了任何疑心也不忍進一步拆穿。更何況，任何被她吸引的愛人，性格上都是充滿母愛或父愛的，於是便發生像〈眞實故事〉上說的：「被欺騙與背叛是早就可預見的，只是我放任自己過分寵愛縱容她了。」

相對於「菟絲性格」的，也就是「大樹性格」。

在別人的眼中，大樹永遠都是高大屹立的，都是「一向樂觀開朗的」。只是，這僅止於心理狀態，絕非眞正的客觀事實。

對任何人來說，不管是什麼樣的性格，總還是會隨著心情的起伏而變化。大樹性格的變化也許較少，但一定會有。大自然裡的大樹是永遠挺立的，性格裡的大樹只有大部分的時間是挺立著。

然而，也因爲大樹性格的人太少有低潮的時候，一旦受挫，向來挺立的形象就會受到嚴重打擊，傾圮的程度往往比一般人還更嚴重，受到的傷害也更深沉。

然而，有著大樹性格的朋友可能必須知道：既然以前曾經挺立過，相信走過低潮之後，你會發現自己將會擁有另一片遼闊的天空。下一次墜入情網時，你將不會一味的付出，而是在照顧對方的同時，也可以感受到被照顧、被關心和自己可以安心依賴的感覺。畢竟，有一句老生常談：愛是雙方面的付出。

延伸閱讀

- 《菟絲花》，（1990），瓊瑤著，皇冠。

驚險歷程

幾天前接到一通電話，留在電話答錄機裡。一個熟悉的少年聲音，很沮喪的表示他的大學保送甄試失敗了。

現代科技是非常奧妙的玩意，留在答錄機磁帶上的情緒可以重複喚出，一次又一次的沉浸傾聽，所有關聯的回憶也就同時湧上。

我坐在黝黑的書房裡，眺望遠處和近處的台北燈火，一幅全然不同於東部山嶽的景像。想想這時候的花蓮小鎮，應該僅剩卡拉ＯＫ和戲院的午夜場了。景像雖不同，某些聲音卻是永遠一樣的。

在一個小城鎮當精神科醫師，是一個令人難忘的經驗。我經常會在這樣的午夜時刻，接到陌生而顫抖的電話。有時是醫院的總機小姐太善良了，有時是其他的朋友善意介紹來的。這樣的城鎮，似乎每一個居民都彼此直接或間接的認識著。一切是這般的親切熱情，卻又有說不出的窒息感。

少年的聲音也是在一個已不太記得的午夜，像這樣汩汩地傳來。

他是從學校輔導老師那裡要到我的電話號碼的。這些日子來，他開始受不了自己忍不住的欲求，卻又無法將愛慕的眼光轉離開對方。他是這麼的矛盾焦慮，甚至以爲同學們都察覺了他的心思。那天在學校時，他再也承受不了，索性下課就直奔輔導室。這位高中的輔導老師有點保守，但還是善良的，尷尬之餘就給了他我的電話。

後來和他會談之際，才知道當時那一通電話是需要多大的勇氣。他一直煎熬等到深夜，待家人全上床安眠了，才偷偷按了號碼。他怕被陌生的人拒絕，特別是在那樣的深夜；他更怕有人監聽，也擔心我會留下檔案通報某某單位等等。

在高中的青春年紀，忽然確定自己愛上了一位和自己同樣生理性別的同學，世界的一切都在那時分崩離析了。雖然，更年幼的時代，他也經常感覺到這一股無以名狀的欲望，然而彷如遙遠的天際響起了洪鐘一般的道德斥責，一切潛意識的流動又立刻平息了。

從台北到花蓮，再從花蓮上台北，我身邊總是圍繞著相同的故事，不分地點，也無關年齡。

每年的聖誕節我總會收到一位個案的來信，雖然只是簡短的問候，卻是很誠摯的祝福。他是我印象中年紀最大的一位個案，將近四十歲了，結了婚生了一個兒子，之後，才逐漸醒悟自己原來是有著同性戀傾向。他的歷程更複雜，必須去面對日漸疑心的妻子，甚至還要考慮日後成長懂事的兒子。在最後的一次會談裡，他終於與妻子心平氣和的離異；至於兒子，他說，他一定不會讓兒子知道父親的同性戀身分。

心理學家們對這一切總是進行無限的理論演繹，只是，眞正的生活故事比各式各樣的學說都來得複雜，甚至每個案例都有著個別不同的深層故事。然而，理論的假設偶而還是可以做爲參考的架構。

對我而言，認同形成的理論是臨床思索時最常借用的助力。譬如托瑞登（Richard Troiden）對同性戀認同階段的描述：察覺，困惑，確定，最後是站出來。或者是凱斯（Vivienne Cass）的理論：困惑，比較，忍耐，接納，引以爲榮，到最後的圓融狀態。

對自己性向的察覺，恐怕是和每一個人在孩童階段所發展的性意識同步發生的。只不過，就像美國偉大的詩人，也是女同性戀運動者瑞琪（Adrienne Rich）所講的，這是一個強迫人人異性戀的社會，任何不符合異性戀的性傾向，譬如雙性戀或同性戀，是自然而然的被壓抑到前意識或潛意識的深處了。這股遏抑的力量是如此的強烈，也就沒製造出任何衝突了。

只是，當這粒掉落在潛意識的麥子開始萌芽，探出頭的綠葉發現自己不是原來以爲的自己，困惑也就排山倒海般的湧上。

半夜裡接到的那通電話，也許可以歸類到這個階段。

從話筒裡細細描述的過程，知道他在困惑之餘，其實也暗自和班上的同學相互比較了。有些時候，答案是教人沮喪的，忍不住會懷疑：「天呀，我是不是火星來的怪物。」有時又稍稍樂觀一些，覺得隔壁班的某個同學似乎也是同樣的情況。只是，就算這直覺接近準確，他終究沒有勇氣走過去問說：你是不是也是從火星上來的？

「火星上來的怪物」這個譬喻絕不誇張。我們的社會是不容許任何差異的，從言談舉止到道德理性，幾乎都恨不得大家像機器人般一模一樣。這樣的社會理念已強大到無孔不入的程度，連當事人的意識也都充滿了這種社會典範的警告聲響，以致於自責的認爲自己是十足的怪物了。

我還記得回台北以後，另一位大學生的門診個案。他一方面訴說著自己不可遏抑的同性戀追求行動，一方面卻又保守的譴責自己的欲望。悲傷和挫折帶來了憤怒。他在診間裡，激動的說自己是社會的垃圾，帶給父母和社會無限的失望和擔心。他哭泣著，忽然抬起頭來說：「我現在終於體會到希特勒爲什麼要屠殺同性戀了，這些社會的人渣！」

我一時怵目驚心，甚至也有點被激怒了。但是念頭一轉，忽然又覺得他的痛苦太深沉了，恐怕此去經年，一切掙扎都還會糾纏不休，想到他的未來心情不禁沉重起來。

那夜接到的電話，線路那端的人雖然只是輕輕按下幾個按鍵，但過程中必定經歷許多的掙扎，也需要許多勇氣。當然，心理治療從來是沒有神效的，他的痛苦繼續延續，我們也不定時的依狀況持續會談。這段期間還是危機四伏，包括了某次在一座新建大樓的工地高處，獨自徘徊的年輕生命幾乎就要飛翔落地了。

同性戀青少年的自殺比例，是一般青少年的兩到四倍，幾乎各個國家都有相同的現象，相信台灣也不例外。心理學家們幾個簡單的學術名詞所描述的，其實都是怵目驚心的臨床事實。這一切的學術文獻，甚至都是經由血液化成的墨汁，一個字一個字犧牲慘重才得以完成的。

只要離開了單純的覺察，在還沒有眞正的自我接納以前，不論是困惑、與他人比較或是忍耐著現狀，旅途都是充滿危險的。在這段驚濤駭浪的航程裡，多少年輕的生命因此淹沒在大海中。

只是，我們不禁要問：航程中環伺的驚濤駭浪，究竟源自於哪裡？

許多年前，一對高中女生結伴自殺了。她們在遺書上寫著：「這個社會生存的本質就不適合我們。」她們稱爲「社會生存的本質」的這一切阻力，也許就是驚濤駭浪的源頭吧。

然而，為什麼醒悟的旅程不能再平順一點呢？

我翻閱著《醒悟的旅程》這本書，忽然想到許多可以讓這旅程更平順的方法。譬如說，我們是不是可以在每年開學送給學生的學生手冊裡，提供同性戀或雙性戀的電話諮商專線呢——譬如：同志諮詢熱線（〇二—二三九二一一九六九）。

我不曉得昔日那位高中同學是如何再次得知我的電話，但是，可以確定的是，他甄試失敗的沮喪，勢必是能安然度過的。過去最教人提心弔膽的大風大浪，他全都熬過來了，生命力自然是比一般青少年強韌多了。就像我曾遇過的許多同性戀少年，在如此不友善的社會裡，他們居然都倖存下來了。他們或許燦爛如陽光，只是，這樣野生野長的生命歷程卻也太辛苦了。

性格是變堅韌了，但是，非如此不可嗎？

延伸閱讀

- 《醒悟的旅程》（*The Journey Out: A Guide for and About Lesbian, Gay, and Bisexual Teens*），（1997），Rachel Pollack、Cheryl Schwartz，開心陽光。

走進另一個世界

很多認識或不認識的朋友總是對我的職業感到好奇，經常很體貼的問說會不會壓力很大。我沒有當過外科或婦產科醫師，不知道當一位精神科醫師壓力會不會特別大；但是，至少，我可以很快樂的說，精神科的門診比文學或電影還精采，每一個案背後的故事其實都比市面上的小說還來得引人入勝。

曾經看過一本青少年小說《我有一座跑馬場》，故事是關於一位輕度智能不足的少年，就叫做安迪。故事的敘述是透過安迪對這個世界的理解方式。因爲他的弱智，很多事情反而顯得純眞，不再需要爭得頭破血流。

在門診裡，像安迪這樣的小孩並不少見。只是，他們比安迪的遭遇不幸太多了。

在我的經驗裡，通常都是父母帶他們來的。這些小朋友也許正讀幼稚園，也許上了小學，也許已經升上高職的特殊技藝班。憂心忡忡的父母，十分焦慮的說，不知爲什麼老是在學校闖禍，惹得老師和其他同學的爸爸媽媽抱怨不已。

原來，在學校裡，他常常玩到很興奮時就忍不住推人一把，或是上課上到一半就嘰哩呱啦找同學聊天，破壞了全班的秩序。甚至，更嚴重的，稍稍不順他的意，就在地上打滾或大鬧。

爸爸媽媽很傷心，也很傷腦筋，只好來到精神科門診問專家有沒有什麼辦法。

像這樣情況的小孩，在臨床上醫生可能還會做其他專業診斷，進一步了解究竟是過動症狀、弱智或是自閉症狀之類的。這些病名看起來也許很陌生，不過沒關係，大家只要知道最重要的一點就好了；不管是什麼診斷，他們除了對生活周遭世界的判斷能力跟一般的小朋友不太一樣以外，其他的部分是跟我們沒什麼兩樣的。

譬如說，他們跟我們一樣，都是很喜歡交朋友的，只不過常常表錯情，對朋友表示好感的方法不太一樣罷了。小說裡的安迪就是這樣，他的好朋友對於安迪表達友情的方式，偶而也會感到尷尬或是受不了。

我自己有一個小病人也是類似情形。他是幼稚園大班的孩子，跟大家一樣都很喜歡和朋友們一起玩。可是，因爲先天能力的差異，他不太會用語言來表達自己的友善。每次，當他很喜歡另一位同學想要表達感激時，總是追過去從後面抱住對方。偏偏他的個子比別人高，力氣比別人大，每次都弄得同學痛得哇哇叫。他沒有安迪幸運，能有許多了解他、接受他甚至保護他的朋友；相反的，同學們反而認爲他怪怪的，不想進一步去認識他那個有點與衆不同的世界，更沒機會去欣賞這個世界不尋常的美麗和友善。

甚至，班上剛好有些比較頑皮的同學，他們看他個子大卻反應遲鈍，就故意開他玩笑。起初，這些同學也只是好玩的心態，他卻困窘得不知所措了。就像剛剛說的，他沒有能力適切的表達自己的感覺，當心情不好或困窘時不是像別人一樣表現出害羞或沮喪，反而是一股煩悶的感覺教他不得不尖叫，更嚴重時甚至就在教室走廊亂衝亂跑。同學們嘲笑得更厲害了，有人還替他取一大堆難聽的綽號，他的心情也愈來愈不好，表達情緒的動作也就愈來愈激烈了。

相反的，像安迪這樣，雖然他也是智能比較差的小朋友，表達快樂或生氣的方式都與衆不同，可是因爲他周遭的朋友會用心去揣測他的想法，會以平常心及友善的態度來照顧他，反而讓他的個性保持了赤子之心的天眞無邪。

還記得好萊塢在九〇年代曾經轟動一時的一部電影，湯姆・漢克（Tom Hank）演的「阿甘正傳」嗎？阿甘就是這樣的例子。在他成長的過程中，因爲周邊有著從來不嘲笑他，甚至永遠誠懇欣賞他，試圖理解他的母親和朋友，他才成爲一個擁有赤子心的好人，比任何人都更能堅持理想和正義。

我們的身旁是不是也有像阿甘、像安迪這樣的朋友呢？我們常常因爲他們的世界與我們的世界不太一樣，很習慣就出現瞧不起、嘲笑或害怕的反應。其實，只要我們願意放下自己的主觀和害怕，試著去了解他們，走進他們的世界，他們將因爲我們的友善而不會感覺寂寞和恐懼，我們的生命經驗也將更豐富成熟。

如果對這樣的嘗試還滿有興趣的，不妨去找下面這兩本書來看。一本是美國偉大的作家約翰・史坦貝克（John Steinbeck）寫的《人鼠之間》，描述一位孔武有力的傻大個和他一位還算善良的朋友，一起結伴生活的故事；另一本則是《獻給阿爾吉儂的花束》，描述一位善良的智障朋友在未來科技的幫助下變聰明了，卻也發覺了現實世界的醜惡，而寧可繼續當「白癡」的悲傷故事。

當然，這兩本書都有點悲傷，也有點不容易懂。但是，看過安迪的故事以後，我們不妨開始重新去想想周圍的朋友，特別是經常被看不起的壞孩子和笨孩子，看看有沒有辦法像讀小說一樣去試著了解他們的心情。說不定，因爲你的友善態度，他們不再感覺寂寞和被誤解，因而逐漸恢復了天眞，這個世界也因此多了一位快樂而友善的好人。

延伸閱讀

- 《獻給阿爾吉儂的花束》（*Flowers for Algernon*），（1995），丹尼爾．凱斯（Daniel Keyes），小知堂。
- 《人鼠之間》（*Of Mice and Men*），（1994），約翰．史坦貝克（John Steinbeck），萬象。
- 《阿甘正傳》（*Forrest Gump*），（1994），溫斯頓．葛魯姆（Winston Groom），皇冠。
- Patricia Wrightson, *A Race course for Andy*, 1968, Harcourt.

活著，其實有很多方式

看見她自己帶來的醫療轉診單時，這位醫師並沒有太大的興奮或注意，只是例行的安排住院檢查和固定會談罷了。

會談是固定時間的，每週二的下午三點到三點五十分。她走進醫師的辦公室，一個全然陌生的環境，面對高聳的書架營造出的嚴肅和崇高，幾乎不敢稍多瀏覽，她就羞怯的低下頭了。

就像她的醫療紀錄上描述的吧：害羞、極端內向、交談困難、有嚴重自閉傾向，懷疑有防衛掩飾的幻想或妄想。

雖然是低低垂下了頭，還是可以看見圓潤的雙頰有著明顯的雀斑。這位醫師開口了，問起她遷居以後是否適應困難。她搖搖低垂的頭，細微的聲音簡單回答：「沒有。」

後來的日子裡，這位醫師才發現，對她而言，書寫的表達遠比交談容易許多。他要求她開始隨意寫寫，隨意在任何方便的紙張寫下任何她想到的文字。

她的筆畫很纖細，幾乎是畏縮的擠在一起。任何人想要閱讀都得稍稍費力，才能清楚辨別其中的意思。尤其她的用字，十分敏銳，可以說表達能力太抽象了，也可以說是十分詩意。

後來醫師慢慢了解她了。原來她是在一個守著嚴謹道德界分的村落長大。

在那裡，也許是生活艱苦的緣故，每一個人都顯得十分強悍而有生命力。

她卻恰恰相反。從小，四個兄弟姊妹聽到爸爸的腳踏車聲，就會跑去糾纏剛剛下班的爸爸。爸爸像個魔術師，從遠方騎著兩個輪子飛奔回來，還順手從黑口袋裡變出大塊的粗糙糖果。只是，有時不夠分，總是站在最後面的她伸出手來，便什麼都拿不到了。

她從小在家裡就是極端怯縮，甚至寧可被嘲笑也不敢輕易出門。父親經常在她面前歎氣，擔心她的未來，或是嘮叨的直說這個孩子怎會這麼不正常。

不正常？她從小聽著，也漸漸相信自己是不正常的人了。在小學的校園裡，同學們很容易就成為可以彼此聊天的朋友，雖然她也很想跟他們打成一片，可就不知道怎麼開口。以前沒上學時，家人是鮮少和她交談的，似乎認定了她的語言或發音有嚴重的問題。家人只是歎氣或批評，從來就沒有想到和她多聊幾句。於是入學年齡到了，她又被送去一個更陌生的環境。和同學相比之下，她幾乎還在牙牙學語的階段。她想，她真的是不正常了。

還年幼時，醫生給她的診斷是自閉症；後來到了專校，也有醫生診斷是憂鬱症。到了後來，脆弱的她終於崩潰了，她住進了長期療養院，又多了一個精神分裂症的病名。

而她的惶恐沒減輕也不曾增加，只是默默接受各種奇奇怪怪的治療。父母似乎忘記了她的存在。從一開始千里迢迢的每月探望，到後來半年也來不了一次。

從家裡到學校，從學校到職場，她都是獨立於圈圈之外的。直到某一次陷入沮喪低潮，自殺的念頭又盤據心頭而糾纏不去，她寫了一封信給自己最崇拜的老師。

大家一直覺得她是個奇怪的人，常常不知所云，總是用一些奇怪的字眼來描述一些瑣碎不堪的情緒。家人聽不懂她的想法，同學也不了解她，即使是最崇拜的老師也先入為主認為她只是在囈語與妄想，就好心的召來自己的醫生朋友來探望她。這就是她住進精神病院的原因。

醫院裡擺設著一些過期的雜誌，是社會上的善心人士捐贈。有些是教人如何烹飪、裁縫，成為一位淑女；有些是談好萊塢影歌星的幸福生活；有的則是寫一些深奧的詩詞或小說。在醫院裡的生活茫然又無聊，再加上自己也有些興趣，她便索性提筆投稿了。

沒想到那些在家裡、在學校或在醫院裡，總是被視為不知所云的文字，竟然在一流的文學雜誌刊出了。

那間醫院的醫師有些尷尬，趕快取消了一些較侵犯性的治療，開始豎起耳朵聽她的談話，仔細分辨是否錯過了任何的暗喻或象徵。家人覺得有些得意，也忽然發現自己家裡原來還有這樣一位女兒。甚至舊日小鎮的鄰居都不可置信的問說：「難道得了這個偉大的文學獎的作者，就是當年那個古怪的小女孩？」

她出院了，並且依憑著獎學金出國了。

她來到英國，帶著自己的醫療病歷主動到精神醫學最著名的 Maudsly 醫院報到。就這樣，在固定的會談過程中，不知不覺過了兩年，這位英國精神科醫師才慎重的開了一張證明她沒病的診斷書。

那一年，她已經三十四歲了。

只因爲從童年開始，她的模樣不符合社會對一個人的規範要求，所謂「不正常」的標籤也就深深烙印在她身上了。

人類的社會從來都沒有想像中理性或科學，反而是自以爲是的要求一致的標準，任何逸出常態的人事物，就會被斥爲異常而遭驅逐。而在童年和青少年階段，就面臨社會集體的拒絕，更是讓人只能發展出一套全然不尋常的生存方式。於是，在主流社會的眼光中，他們更不正常了。

故事繼續發展著，果真這些人都成為社會各個角落的不正常或問題人物了。只有僅少數的幸運者，遲遲到中年之際，才終於被接納和肯定。

這是紐西蘭女作家珍奈・法蘭姆（Janet Frame）的真實故事，發生在四、五〇年代的故事。她後來繼續孜孜不倦的創作，直到二〇〇四年在她的故鄉去世為止。法蘭姆是眾所公認當今紐西蘭最偉大的作家。

延伸閱讀

- 《島國天使》（*An Autobiography; Volume One: To the Island*），（1997），珍奈・法蘭姆（Janet Frame），時報。
- 《伏案天使》（*An Autobiography; Volume Two: An Angel at My Table*），（1997），珍奈・法蘭姆（Janet Frame），時報。
- 《鏡幻天使》（*An Autobiography; Volume Three: The Envoy from the Mirror City*），（1997），珍奈・法蘭姆（Janet Frame），時報。

自我放逐

一張大峽谷的明信片寄到醫院裡，說她在美國的日子「過得好極了」。字體還是有些稚拙，口氣依然十分天眞，兩年的異鄉生活似乎沒讓佩芬改變太多。

第一次遇見佩芬，是在輔導老師的陪伴下。

明信片是從高處往下俯瞰的，整個大峽谷正籠罩在夕陽餘暉中。那年，我們坐在學校的諮商室裡，恰恰也是在陽光刺眼的斜照裡。

也許因爲陽光的緣故，空氣中有股令人悶熱的感覺。佩芬忍不住開口了，用誇張的口氣，開始說些這一陣子「好玩的事情」。下課時候，附近高工的男生，飆著機車，大剌剌佇立在這所升學女校的門口。佩芬就在衆人詫異的眼光下，昂然展開了黑夜中追逐的生活。

我習慣性的注視著她的神采，用專注而輕鬆的表情分享著這一切充滿挑釁的故事，卻也同時思考著這一切天眞的面具下，究竟是隱藏著如何害怕的心情。

「好好玩噢」「好可怕喔」，她總是用極其可愛的嗲音說出來，一點都不輸名模林志玲。只是，她所敘述的許多行爲明明就是離經叛道的，但敘述的口吻卻是稚嫩的聲調和興奮的口氣。而我，又該怎麼反應呢？

這個時刻，立刻湧上的念頭是善意的規勸：「佩芬，我知道這些生活經驗很有趣，不過……」不過，我並沒有開口。既然我第一時間的反應是這樣的念頭，必然有太多親友師長也曾如此想過，必然也用過同樣的口吻卻無功而退了。

是不是應該少一點道德譴責呢？「眞好玩呀，佩芬，再多說一些，怎麼有這麼棒的事……」我還是沒開口。這樣的口氣太阿諛了，不是自己的眞實心情；既然覺得佩芬的天眞是一層該設法取下的厚重面具，爲何我又教自己戴上另一張虛假的面具呢？

我最終還是開口了，有著深沉的凝視：「眞不容易，佩芬，終於擺脫了多年來扮演好學生的沉重包袱了。」沒有太多的諮詢技巧，只是要求自己的同理心依然是最最誠實的感覺。

忽然之間，天眞的表情消失了，許多憂傷和困惑在佩芬的眼神轉換之間閃現，但又立刻收回，恢復成原來的瀟灑，繼續爽朗說著「快樂的事」。

原來不是這樣的。佩芬先前只是這所女校裡，十分平凡的學生。只是半年前，母親才去世沒多久，原先在病榻旁無微不至照顧母親的父親，忽然在數月之內就帶回了一位陌生的阿姨。佩芬的悲傷，父親坦然的罪疚，和阿姨的耐心，終究無法挽回這持續崩潰的生活。十年來從不曾懷疑的乖巧理念，讓她在那一刻陷入了充滿困惑的混沌狀態。以前的天眞無邪，轉化成爲唯一的保護面具。

佩芬流露的悲傷雖然只是短暫的片刻，但我知道這樣就夠了。我知道此刻最忌心急。佩芬還沒癒合的傷口，正敏感觀望這些大人們的僞善與否。

這一段的治療關係維持了許久。功課荒廢將近半年的佩芬，最後決定輟學到美國繼續升學。我知道對她而言，在原先的學校重新出發是件十分困難的挑戰。固然，「在什麼地方跌倒就在什麼地方站起來」，但是，如果一個人基本的自戀情緒依舊沒法克服，如果完美無瑕的自我要求還是繼續存在，選擇自我放逐做爲追求理想的開始，也是未嘗不可的賭注。

她比我更早離開這個小城。最先是在台北市補習英文，後來就出國了。第一張明信片是從南陽街寄來的，後來更多的信則是來自美國。我事先就說明了，因爲工作忙碌再加上自己懶惰寫信的緣故，恐怕只能祝福她，希望多多聽到她的消息，但沒法保持回信。但她還是繼續寫著一張又一張的明信片。我想，與其說是寫給我，不如說是她給自己的某種寄託吧。

佩芬離開家庭，離開了傷慟；我則是工作的緣故，也拎著沉重的失落感，離開小城。

回到台北沒多久，門診又遇到另一位要出國的中學生，英華。

她的表情和佩芬是截然不同的。

英華冷漠的抗拒著，偶而不耐煩瞪一瞪陪著來的母親。而母親也不敢著急，似乎早已明白太多說理的努力只會讓一切更惡化。

我快速翻過沉甸甸的病歷，一位從小就在台大醫院出入的某種先天性貧血個案。雖然這病的預後尚可，惡化的機會不大，不過，要媽媽能夠放心，讓她一個人過著獨立的生活，恐怕也不是一件容易的事。

我遇見她的時候，已經有點遲了。英華的學校申請好了，也早早就放棄了聯考的準備。同班同學都知道英華一畢業就要到美國，羨慕的眼神已經讓她不可能回頭了。

我們三個人在會談室裡沉默著，彼此等待任何一方先開口。英華雖然蒼白而單薄，卻是比我們都更耐得住寂靜的沉重壓力。我想，是多年的病痛過早的扼殺了青春，教她學會了冷眼旁觀的態度，也就擅長遁入沉默而保持麻木了。

我知道我還必須等待，一個比她生命所經驗過的都還更漫長的傾聽。

成長，原本就是漫長而迂迴的，根本沒有任何可以加速的祕訣。我知道她終究會出國，終究會在一連串的失望後，教自己沉溺在悲劇氣氛中繼續放逐自己。只是。我想，是不是可以在有限的時光裡，教她體會放鬆心情，願意讓自己快樂一下呢？

候診室外嘈雜的等待人潮，正不耐煩的提高聲浪。而我們，繼續沉默。

失去夢和理想

年輕原本應該是理想性高，甚至衝動也無所謂的。所謂「人不輕狂枉少年」，或像是日本人常說的，而大導演黑澤明或是日劇也都拿來當作片名的：「我於青春無悔。」這些都是年輕階段面對未來世界時，一方面是無知的天真，另一方面也是對未來世界或對自己的看法充滿著自信，所以才有的一股豪勁。

最近在一次聚會裡，遇到一位年輕導演。跟著他學電影製作的幾個大學生也跟著東扯西聊的。談到一些關於未來的計畫時，其中一位就說：「其實，最好現實一點，不要有太多理想，這樣以後才可以快一點成功，不必去跌撞受傷。」

近來，年輕人總愛問：「什麼比較有前途？」

這樣的論調其實是不希罕的，特別是在這個年代。每次有機會問高中生或大學生爲何考慮讀某某科系，幾乎百分之百都說是「比較有前途」。最近在門診遇見一位名校高三男生，因爲爸爸擔心他物理不夠好而堅持要求轉組。他先屈服，可是一開學又後悔了：「讀文法商的，沒前途，以後怎麼辦？」於是鬧著父母，一定要想辦法改回原組。

我在門診，聽他抱怨著，忽然想起自己高中的那個時代，「建中驕，附中狂」，這一切似乎都很遙遠了。

也許這個時代眞的太驚險了。報紙上每天都有驚悚的失業人口調查，連交大光電所的碩士生也可能求職失敗而自殺；雜誌老是做一些專題「三十歲以前一定要成功」「三十歲如何擁有一百萬的積蓄」或「二十五歲董事長的故事」；總讓人以爲幾乎是大學時代，甚至更早以前，在高中就應該起跑了。

這實在是太不一樣了。我是說，跟我們四年級生當年在高中階段的心態。在那個年代，我還記得自己因爲家庭的某些因素，不得不選醫學院和農學院的丙組時，總覺得自己也充滿銅臭味，幾乎是以極盡羞愧的心態，偷偷遞出選組單的。那個時代，在一些知名的學校裡，如果以「比較有前途」來選科系，幾乎是在同學之間抬不起頭來的。

當然，時代眞的不同了。就像當年，任何明星學校同學下課了，幾乎都沒人去補習。萬一眞的要去南陽街補習的極少數那些人，是要先換下制服偷偷摸摸前去，避免被人發現的：「哈！建中的也來補習班。」現在，一開學，大家互相研究哪家補習班；一下課，幾乎所有北一女建中的學生都湧向了南陽街。

這樣的謹愼和成熟，當然不是我們那時代堪擬相比的。處在這個時代的年輕人，他們所面臨的一切，不論是成功（發財）的壓力，還是失敗的危機感，都是我們那一代太天眞而無法想像的。

只是，我還是忍不住懷疑，即使有著謹愼的計畫和步步爲營的成熟，固然是未來的安全保障；只是，失去了夢和理想，眞的可以創造一個不一樣的人生嗎？

我那位導演朋友，聽到年輕的助手這般早熟的口氣，原本不想說話的，但最後還是忍不住說：「我看你不要拍電影了，我還是介紹你去學電影市場行銷吧。」

我的勇氣遺留在愛琴海

報紙登載，四個女孩因爲看了網路上竹科工程師的希臘照片——「我的心遺留在愛琴海」，瞞著家人，果眞也肩膀掛上背包，過了兩、三個禮拜的跳島蚱蜢生涯（island-hopper）。

從辦公室下班出來，已經是八點半。我在一家可以露天用餐的小餐館一個人進食。晚風習習而來，帶有一股生嫩的秋天涼味，讓我可以完全沉浸在愛琴海的記憶裡。桑多里尼（Santorini）那個後來再也找不到的小灣，當時我們迷路誤闖，卻在海上夕陽的籠罩裡，享受美味的現烤海鮮。老闆依漁獲成績決定我們的晚餐內容，典型的地中海式燒烤，還有一壺又一壺的家庭葡萄酒。

我幾乎立刻回到一則又一則的旅行記憶裡，馬上就脫離台北的氛圍，離開手頭所有煩人的、趕不完的工作。我是豐富的，有這麼多的異國記憶可以讓我無限的飛翔；我更是幸運的，敢在踏入社會工作後，又還沒開始有任何中年跡象前，逼自己離開職場，拎著回來找不到工作也無所謂的心情，讓自己在三十歲前出國自助旅行好一段時間。

如今在自己的心理治療室裡，聽著年輕的案主抱怨一切，包括旅行。才大學生呢，一切都開始猶豫了：「我好想出去自助旅行，可就是媽媽，老是不放心。」是呀，能放心的爸媽又有多少呢？當年在大學時，我也是瞞著父母說是社團活動，其實是重裝走中央山脈的奇萊縱走。爸媽一定會因為不安全而阻止的，那年合歡山松雪樓的竹莽草原才凍死了一位體魄強健的陸官學生。那裡剛好就是我們的出發點。

爸爸媽媽的警告的確沒錯，爬大山是危險的。那一次，我們在卡樓羅斷崖稜線上，三、四十公斤的登山背包和酥軟的雙腿改變了身體的重心，好幾次都是很容易被忽然捲起的強風就吹下深淵的。然而，應該是沒人後悔吧。

我們應該後悔嗎？特別是每次有山難消息，大學登山隊在海鷗中隊的救援下脫離險境時，媒體總是有意無意責備著「莽撞」或「浪費國家資源」這一類的話。然而，如果一切都是聽爸媽的，我們的生活圈，恐怕就一代一代的縮小了吧。

世界究竟是變小還是變大了呢，對我們更年輕一代的朋友？沒錯，有人畢業旅行去庫塔海灘（Kuta Beach），有家庭過年闔家京都出遊，也有公司員工旅行到曼谷。只是不管去到哪裡，你會發現，自己還是在平常生活的那一堆人裡。世界，究竟是向我們完全開放了，還是只縮在小小的豪華遊覽車裡？

我在愛琴海的某個小島上，遇見三個德國年輕人。他們才在海灘單憑著草席過了兩、三天，正要找民宿沖澡。同樣是旅人，我也就大方將自己眺望海灣的房間借給他們。原來他們是一放暑假就一路從北德的漢堡，一路搭免費的便車到義大利威尼斯，而後，才第一次花錢買交通票券，搭船來到愛琴海。天呀！同樣是渡假，他們三人花費的總額是我的二十分之一不到。更可怕的是，看起來已經很成熟的他們，居然是過了那暑假，才要升高中二年級而已。

我忽然才發現，自己和自己所屬的那一個所謂的民族，軟弱和恐懼的程度究竟是如何的病入膏肓。

唉，有的人是「我的心遺留在愛琴海」，而我，除了偷回許多可以苟且養老的回憶，則是「我的勇氣遺留在愛琴海」。

未來，屬於走向四面八方的傻子

朋友的小孩，台大商學院三年級的高材生，終於決定要休學了。

「爲什麼要讀這個商業相關的科系呢？」這是我一年多以前遇見他時，聽他說起自己組樂團的種種樂趣和更多的夢想，忍不住問他的一句話。

他說，其實從踏上椰林大道的第一天，自己就開始問這一個問題。

第一次見到他是他爸爸代約的。擔心自己的兒子總是不時陷入憂鬱情緒，甚至在自己的個人部落格開始寫一些相當灰色的文章，也就希望我這位從小看他長大的叔輩，也許可以勸勸他。

我們約在建國南路上，當年的金石堂，如今已經不見的「我的書房」。

他說當初高中時候就開始參加以搖滾音樂爲主的社團，小時被逼學鋼琴的基礎很快就讓他成爲不錯的鍵盤手，組樂園的學長也就拉著他到處演出。

一開始只是懵懵懂懂的，反正上台兩、三次以後，不但不再怯場，反而還感覺滿過癮的。說到這裡，他斯文的抬頭看我一眼，好像是說：你一定沒法想像我在台上的狂野！

當然，高中成績不怎麼樣，推甄也差了一截，忽然痛定思痛的他，發憤圖強，居然考出奇蹟一般的成績。原本只想在北部文學院或社科院混混玩社團的，如今成績竟可以上台大商學院了。「我是想塡哲學系的，可是，又覺得可惜了這分數。」他指的是，如果要讀哲學系，當初少考幾十分都夠。「可是，我又想到了未來，當鍵盤手可以一輩子嗎？」

許多人都是這樣的。我們總是充滿夢想，希望有不一樣的未來，偶而，眼前出現一個浪漫不可多得的機會，忽然瞻前顧後，機會也就像落葉一般倏忽即逝。

上大學的第一年，他就想轉系。他將成績念好，其中一個動力就是準備轉系。當然，他可能沒察覺，但明顯的，他其實也是滿好強的，不想輸給別人——在所謂大部分人的共同競賽裡，他不只怕輸給別人，甚至還要透過領先來證明自己。

是呀，我們都是在同一個競賽場上，從出生的那一刻就出發。只是，這一條跑道所決定的方向，也是大部分的人賣力奔跑的去處，果眞就是人生目標唯一的選擇？

當然不可能。

如果人生只有一種選擇，這將是多乏味呀！捫心自問，這是我們想要的人生嗎？很多人還是選擇留下來，特別是屬於第一領先群的那些人，更捨不得離開。

但還是有人要走了。這條路除了跑道，四周還是有綠樹草原，頭頂上還是有藍天白雲。也許，停下來佇留幾分鐘，甚至因爲看見一朵美麗的花朵而開始走向離開競技場的草原了。

當時「我的書房」二樓有個音樂架，是「五四三小舖」，一群音樂狂熱分子好不容易的成就。沒錯，也許是一群傻子。但我相信，未來，是屬於這一群不循正道走向四面八方的傻子。

休學，只不過停下來讓自己想一想：我到底是要什麼？爲什麼跟著跑？我告訴朋友的孩子說：「別擔心，去繞個兩年，如果找不到好玩的，這一條路還是在這裡等著你。」

篇五

診療室絮語

豐富我的天使們

之一

「你還記得診療間裡發生的多少故事呢？」閒聊之間，一個朋友這樣問著，那時我們正在巷弄的小店啜飲咖啡，他正想蒐集短片的題材。我點的是拿鐵，比卡布其諾還淡的義大利咖啡，唯恐干擾了夜晚，因而釋放出摻雜了記憶和想像的夢境。

然而，對於發生的事情，我又擁有多少記憶呢？醫療診間來來去去的故事，不是小小的空間可以容納的，甚至也不是我無垠邊際的大腦之海能夠承載的。

太多的影像和姓名，隨著日復一日湧進的患者、家屬和病歷，一一遺忘了。能夠不仰仗病歷紀錄，牢牢記住整個過程的，似乎只留下眼前還在掙扎處理的個案。

前兩天的一個下午，難得可以安靜坐在辦公室整理信件公文。電話響起，是一位女子的聲音，夾雜著驚訝和緊張的結巴，用我還來不及聽見的速度，很急促地唸過自己的名字，「抱歉，我不知道你在，我原來只想留話。我是要謝謝你上次的話，讓我走出婚姻的困境。」她又沉默了，不知道怎麼說下去，「就這樣了，再見。」

我很想知道是怎樣的個案，怎樣的過程，而我自己又給了怎樣的神奇建議了。

我坐在辦公椅上，努力想了好一會，想像這位患者的聲音，她含糊提到名字的類音。她這麼簡單提起自己，彷如我應該很熟悉她的一切。而我，卻是一絲的記憶也撈不到了。

我自己的記憶是屬於文字的，特別是理性思考的文字。沒有用文字寫下的名字，幾乎是無法叫喚的；甚至連臉龐，看過三、五次的形影表情，可能因爲不屬於文字而資訊輸入失敗。音樂性的記憶不行，情節的記憶更差。如果我寫詩，必然不可能有多變化的節奏感，如果是小說，因爲不是天生說故事的人，也只好以反情節的後設手法來經營了。

然而，也幸虧了遺忘，我可以沉默，所有個案的隱私不必封鎖，就可以確定保密了。更何況，就像俄國神經生理學家盧瑞亞（Alexander Luria）記錄的一個案例，任何情景、聲音和文字都可以在他腦海中重新放映的超級記憶力，鉅細靡遺的細膩情節反而教他沒法思考，既不能掌握事情的過程，又無法分析基本的結構。他是擁有超能力記憶的天才，也是沒有遺忘能力的病人。

而我，幸虧擅長遺忘，心較容易迎向新的記憶。

只是，遺忘卻是永遠不可能徹底的。它像是功能不佳的消磁設備，也許能去除九成的訊息，完全的消逝卻永遠不可能。偶而安靜下來，整個人的身體可以輕鬆的托給地心引力，生命的節奏緩慢下來，憶起某一個似曾相識的片段，伴隨著一些深刻的感覺。某些以爲失去聯絡的片段，某位遙遠的個案，不十分清楚的身影，又緩慢自黑暗中逐漸顯影而走過來了。

究竟，我的腦海裡還存有多少檔案的殘跡呢？

之二

精神科住院醫師的訓練，按慣例第二年是要到兒童心理衛生中心三個月的。就在那一季，我遇見這位國中二年級的小男孩。

雖然才見過一次面，但是我還記得他。浮現的記憶不是名字（這是我最不擅長的），也不是容顏（他的五官早已跟我曾經歷的其他數百位患者糾纏不清了），而是一股情緒吧。

憤怒，倔強，拒絕任何友善的嘗試。這樣的情緒記憶，我開始勾勒出一雙黝黑而忍住淚水的眼眸，緊緊抿著的嘴。甚至，我也想像了一個名字，像小瀚這樣帶點生命力的名字。

母親莫可奈何的將小瀚拉到醫院來，是學校的輔導室介紹的，理由是拒絕上學。已經將近半個月了，精疲力竭的母親臉上的表情明顯是走投無路了。

原來，在一個月前，導師上課的時候，坐在後排的兩個同學竊竊私語被發現了。導師大聲吆喝，全班都回頭看著這兩位被罰站的同學。這一干擾只是片刻之間的事，同學們紛紛又將注意力轉回黑板，唯獨小瀚依然靜靜的保持著扭身回頭的姿態。老師忍不住叫了小瀚一聲，沒反應；再叫幾聲，他才恍然醒來，滿臉無知的尋常表情。

敏銳的老師稍稍疑惑一下，又繼續上課了。只是幾天後，類似的失神狀況又發生一次，老師不得不提醒家長了。

於是，就像所有焦慮的父母一樣，在經歷了猶豫、否認和確定的心情之後，母親立刻帶小瀚到大醫院的小兒科門診，然後轉介小兒神經科。一連串的腦波電圖和電腦斷層，明顯的尖銳放電波，確定是癲癇的一種，不常見的單純型部分發作。

小瀚的症狀是輕微的，不過是單純的失了神。然而就是這片刻的失落，也許半分鐘，也許稍長一些，正值敏感青春期的小瀚發覺自己永遠不同於別的同學了。

在科幻小說或電影裡，我們經常可以讀到這類的故事，像李伯大夢一樣，昏睡多年以後又回到舊時地，一切熟悉的人、事、物都因爲衰老而變成陌生了。在這類型的故事裡，情節總有令人無限浪漫的遐想，彷如時光旅行一般。然而，一旦發生在眼前，人卻只是恐懼、不知所措和羞怒了。

小瀚失去的只是一剎那，生命中絕大部分熟悉的依然熟悉，只不過是多了幾個看不見深底、永遠無法理解的黑洞罷了。這些缺口從來不曾眞正威脅到生活，卻已經形成了一種不安全感，在黑暗中像咒語一般的召喚。屬於自己的生命，居然被強行輸入了幾個和自己不相干的片段。老師和同學的關心，殷切的詢問示好，反而隨時提醒小瀚自己是異於他人的。

小瀚拒絕上學了，原先療效良好的抗癲癇藥物也拒用了。他拒絕了這個世界，這個像鏡子一般照映出他的異常的世界。

拒絕上學讓他可以避開提醒自己不同於別人的眼神，而拒絕服藥可以欺騙自己一切都沒發生。連帶的，他拒絕了學校和小兒神經科醫師，當然也拒絕了我這位還是新手上路階段的兒童心理醫師的幫忙。

這個個案就這樣永遠的失落了。不知道他後來是否重新上學或轉學了，不知道他是否還拒絕自己的存在。只是，我還依稀記得他眼神裡沉默的怒火，在臨晚暗鬱的診間裡炯炯發亮。

之三

有些時候，不免殘忍的想：寧可這位病人的症狀更嚴重一些！

腦部功能的微小缺失，往往只是改變了個案一小部分的動作、認知或感覺；然而，整體的認知卻是依然幾近完整的。

因為幾近完整，他可以清楚意識到自己的缺陷，而且可能是永遠無法挽回的病變。如果再嚴重一點，他的腦部功能更形退化，嚴重到連辨識自己病變的能力都沒有了，甚至連痛苦的能力也缺乏了，也就沒有各種極至的情緒反應了。

面對這樣微小缺失的患者，站在臨床工作者的立場，忍不住要提醒他說，還是擁有百分之九十九的健康呀，努力活下去吧！然而，個案冷冷的眼神彷彿是說：醫師，你沒得這個病，不可能知道我的痛苦！

罹患小發作癲癇的小瀚只是其中一個例子，他憤怒的眼神拒絕了任何協助，連專業訓練的我們也深深染上了這股無力感。

多年以後，我開始收到癲癇病友協會的定期通訊，是長庚醫院神經科施茂雄醫師協助發起的。透過通訊，許多病友詢問相關的醫療問題，許多家屬也獲知病人適應的困難和社會歧視的壓力。我看著這一封一封的書信問答，又想起了小瀚。如果當時國內已經有了這個病友組成的支持團體，我可以將這團體介紹給小瀚或他無助的媽媽了。

於是，同樣的經驗，我試著應用到另一位雖非癲癇，但同樣是腦部功能部分缺乏的個案。

這已經是他第三次住院了。以往兩次的臨床診斷是妥瑞症候群（Tourette Syndrome），只是這一次再加上憂鬱症的病名了。

前兩次住院都是爲了調整藥物：如何尋找最適當也最少量的藥物，來達到最大的治療效果。

他的症狀不算輕，隨時冒出三字經般的穢語、吐痰，甚至忽然伸手觸碰對方。第一次住院時，剛好婦幼醫院兒童心智科蔡文哲醫師來台大醫院兼任門診。他是我所知道國內對妥瑞症候群工夫下得最深的醫師。我拜託他來給些意見，同時也算是對這少見的病症來作進一步的診斷。

我們對現今的醫療成效是相當滿意的。根據過去的經驗，這個個案不自主的動作已降到近年來最少的程度了。但是，對他而言，千里迢迢從南部來到台大醫院是要尋求「痊癒」的——不只是完全沒有症狀，而是要痊癒到不用吃藥。我們坦然告訴他現代醫療的局限。

失望的他出院以後，忍不住開始尋求各種另類醫療，包括中醫、傳統醫療和宗教治療等等。最常見到的是，他遇到一位「包醫」的江湖郎中，告訴他這是如何如何的疾病，要服完幾個月的草藥，同時將所謂「有毒」的西藥完全排出體外，他只好乖乖停止了原先好不容易調好的西藥劑量。

沒幾個禮拜以後，症狀又全然惡化的他，再次出現在門診。住院、調藥，一切重新再來一次的故事又上演了一遍。

幾次重複的失敗經驗，「痊癒」的奇蹟似乎眞的遙不可及了，他也開始變得沮喪。他這次住院，我拿薩克斯醫師（Oliver Sacks）的兩本書給他參考，包括《錯把太太當帽子的人》裡的鼓手小雷和《火星上的人類學家》裡小鎮的外科醫師，同樣都是妥瑞症候群。我說：「不是要你只看他們的病和治療而已，而是要你想想他們爲什麼可以活下去。」

只有國中程度的他，原先反應一定看不懂而想拒絕閱讀的。沒想到，第三天巡病房時，他就將書看完而要還我了。

他指著書本，問了幾個書中的問題，忽然抬起頭來說：「爲什麼台灣沒有像美國那樣妥瑞症的病人組織呢？」

之四

很遺憾的是，我們的個案從來都不是十分可愛的。

我這句話的意思是說，相較於薩克斯醫生的病例，他推崇的十九世紀科學精神，所謂「浪漫」或「傳奇」（Romantic）的科學描述，我們遇到的個案以及他們家屬，通常是可悲也可憐的，但往往不只可愛，甚至可憎。

妥瑞症候群原本就不是討人喜歡的病，病患不像先天性心臟病一般擁有一張討人喜歡的童顏，而是經常讓人覺得困窘和被激怒。

一八八五年，法國神經科醫師妥瑞（George Gilles de la Tourette）首先記錄了這個症狀。就像那個時代擴張版圖的氣氛，征服和殖民不只是政治上的舉動，也是科學家們如同拿破崙一般雄心的表現。這個病，也就以征服者的名字而命名爲妥瑞症候群。

妥瑞也是一位業餘的劇作家，也許是這樣，他描述的症狀也就十分生動活潑：臉部肌肉抽搐似的不自主動作，情不自禁模仿或重複別人的言談舉止，忍不住發出怪異或猥褻的話語，甚至是肢體不自主的動作。

最有趣的，恐怕是不自主發聲這現象了。這個病所造成的困擾，經常表現成個案在任何場所都可能忍不住說出三字經一類的髒話。而且講英語的人經常就是 fuck 或 shit 之類的；在台灣，最常聽見的則是「幹」。連語言的內容，都會隨著母語的差異，而做出相似的調整。

在醫學院教學的過程裡，總有一些足以名列經典傳奇的個案，經由師長一代一代流傳下來。關於妥瑞症候群，最有名的莫過於一個老兵的故事了。

有一位老榮民，又一次在公共場所隨意掀路人的裙子而被告到法庭去。法官看了他的檔案，發覺同樣的妨害風化案情已經不下十餘次了。這位法官難得有一點心理學的想像力，而不只是滿腦子的法律條文，他忍不住想，怎麼可能有這麼沒現實感的犯罪方式？於是裁判精神鑑定後，才知道是妥瑞症候群的不自主動作。他自幼罹患數十年來，卻從來沒被診斷過。

每當教學時，講起這個個案學生都會哄然大笑。大家立刻想像一位猥瑣的老頭子，可憐兮兮的站在馬路上的模樣。

現實裡的妥瑞症個案從來少有可愛的，至少在台灣是這樣。住在我們病房的這位年輕人也是如此，症狀嚴重的時候，處處可以聽見他的「幹」聲不斷；如果再跟他進一步交談，他的手就不自主的伸過來，也許是逼近到眼睛，也許是往男性的下體或女性的胸部揮去。

這些舉動，不管是語言或動作，實在是太過富有涵義，以致於有時連醫護人員都忍不住問：他眞的不是故意的嗎？

所有潛意識的原初衝動都跑出來了，包括性和攻擊，而且還會隨著不同母語採用相同意含的話。這不是所謂的潛意識，也許是因爲腦部生理結構上的問題，失去了自我審檢的能力。當年，提出潛意識概念的佛洛伊德和妥瑞一樣，都是夏考（Martin Charcot）的學生，難怪會一直想爲他的潛意識理論找到神經生理學的物質基礎。

當我面對他時，他的手隨時戳向我的眼睛。幸虧我是戴著眼鏡的，也就不必閃躲。然而，當他的手不自主的以偷襲一般的速度，忽然逼近我的下體時，穿著白袍而當著衆多同仁面前的我，又該怎麼辦？

之五

醫師的白袍，是很有意思的服飾。

穿過任何醫院的長廊，放眼望去就可以看到無數的白袍人。有些一眼看過去，就知道是剛剛來見習的醫學生。他們通常成群結隊，匆忙行走之餘還有很多動作，也許嬉笑也許因爲故作嚴肅而全身僵硬，彷如身上的白袍不安穩的暫居在他們的軀體上。

然後，你可以看到更資深的白袍人，通常是一個人走著，步伐平穩而節奏快速，即使彼此遇見也只是在行進中點個頭罷了。白袍紋風不動，好似根深柢固的植入軀體，成爲眞正的肌膚了。

這樣的穩重所轉換而生的社會意義，包括權威和道德的形態，如果你是病人，除了表面服從，只能事後的不滿和憤怒罷了。

然而，妥瑞症的病人卻揭發了這一切。他面對權威，用合法的疾病及權力，直接觸碰了醫師的下體，也觸碰了醫師的困窘和尷尬。

就像所有儀式或所有形象一樣，神聖的光芒往往教人忘記了原來祂也是會吃喝拉屎的。一旦提醒了，所有耀眼的神奇就突然消失了。失了這一層光芒肌膚的聖者，忽然被脫去了一切裝飾，窘態百出的裸裎在衆人面前了。

然而，疾病是有它特別的權利的。它可以讓人們裸著身子大搖大擺四處遊晃，卻不會被告違反道德，因爲場景可能是在手術檯或急診室裡。生病可以讓兒子撒賴著要父母侍奉，而不會被罵不孝。生病也可以讓人隨意吐痰，甚至吐血、拉屎，只因病情控制不住了，而不必擔心有礙觀瞻。疾病有無上的權利，可以超越世上的倫常道德，可以拂逆諸神的神聖戒律，也可以無視任何科學或其他權力的種種權威。

疾病的權利多大呢？坐上白色的車子，用嗚嗚叫的喇叭大聲表明了自己的身分，連最擁擠的路段也都可以讓出行道。不必事先的警力佈署，也不會有駕駛人咒罵，那些駕駛甚至還衷心感到喜悅，因爲讓救護車先行代表自己救人一命。

只是，這一切特殊的權力通常都是暫時。在最緊急的狀態，最接近死亡的位置上，疾病的權力達到最高峰；一旦長期抗戰開始，疾病成爲日常生活的一部分，權力也就轉換成另一套儀式了。

尊敬與神聖的氛圍開始褪去，被忽略許久的恐懼和嫌惡急急湧上。人們開始用各種療養院、安養所、慢性病中心安置自己的愛心，卻也巧妙隔離開這一切了。至於還殘餘在日常社會中的，出現在馬路旁、家庭中或媒體上的病狀，我也許會因爲心中浮現的恐懼感而掩面離去，也許立即潛抑這一切嫌惡而代之以善行回應，告訴自己這是特殊狀況，所以不應計較一切。

疾病提醒了人們的脆弱和平凡，揭露了掩藏良好的不安全感，甚至進而破壞了人們的美夢。於是，別人身體上共生的慢性疾病，像一面照妖鏡般逼近，照出我們自我虛構如神祇或上帝選民的妖魔行爲。面對這一切不快的事實，能夠移動的就快快走避或驅逐，不能改變的則以戒愼恐懼的心情，視之爲道德的鍛鍊而敬爲亦魔亦神的上位者。從空間的互動關係來看，嘲笑和善心都是保持距離的舉止，是同樣本質的不同形貌罷了。

只是，嘲笑的舉止有時合法，譬如現在社會對待愛滋病的矛盾態度；通常卻是非法，是不允許浮出檯面的。

至於白袍，醫師身上的白袍，是整個社會善心操作的最高層次代理人之一，站在社會和病人之間，旣是連結了又是隔開了兩者的關係。

罹患癲癇的小瀚，當年以憤怒的眼神瞪著披白袍的我是可以理解的，因爲我的醫術和同學們的善行替代了整個社會，將他安置在一隅。我們也許是不自覺的，是在其他許多企圖下產生的附帶效果；但是，小瀚卻是清楚感受到了。雖然還沒法用語言說出這感覺，卻是眞實的在他身上發生了。

那樣的憤怒，只因爲還找不到可以懾服衆人，教衆人自覺羞愧的更高層次的道德語言。

之六

然而，怎樣的道德才是這個社會所敬畏的呢？

這些年來，醫院的建築愈來愈像是五星級的豪華旅館了。仔細擦拭的壁磚和地板，在明亮無比的燈光下閃閃發亮，彷如以透明的軀體向衆人宣告它的純潔乾淨。醫院，成爲了人類文明發展的象徵，一種完善掌握下的無菌而有效率的完美狀態。

完美，一種幾近神話的概念，開始成爲我們平庸生活的唯一標準。

打開每一份報紙的家庭版，報導的開頭也許會述說當事人的某些缺點，終究還是以完美的家庭故事爲總結。讀者們依循著每一幅精美的居家相片，光鮮亮麗的佈置和衣著，開始發現自己的不足。完美的故事，暗示著每一個人的現實生活，都是不足的。

就像我到內科病房探望的一位病患。她是我治療的個案，典型的神經性厭食症，原本一直維持在勉強的健康狀態，沒想到陰錯陽差彼此無法聯絡上，幾個月不見，她的體重僅剩二十六公斤了。她那時隨時可能發生緊急狀況而死亡，我們也就迅速安排住院了。

幾天以後再去探望時，因爲點滴補充和營養調理的迅速功效，體重又稍稍回升了。雖然離正常的體重還是偏輕許多，她卻開始擔心逐漸失去那「身輕如燕」的感覺，也開始照鏡子，不斷從每一個角度檢視自己是否太胖了。她說，醫院的浴室只看得見上半身，她擔心自己的臀部是否又胖得走樣了。一位同來見習的住院醫師，忍不住插嘴問說，會有人才三十公斤出頭而臀部太豐腴嗎？

在臨床的溝通技巧上，這是犯了極大錯誤的問話，問話的人依舊因循著本位的價值觀而提出完全沒有同理心的質疑。可是，這位從沒照顧過厭食症的住院醫師因驚訝而失去平常的專業態度，其實是可以理解的：居然有人瀕臨瘦死邊緣，還是對肥胖充滿了恐懼。

這一、兩年來，厭食症和暴食症的年輕少女，已經成爲我門診常出現的案例，每週總可以遇見一位。

這些年輕的女子僅僅是冰山的一角。在她們的學校裡，在同樣是著迷於完美身材的青少年次文化裡，降低體重的瀉藥或各種催吐方法，如燎原之火一般蔓延著。一位少女就說，可惜教官到廁所巡視只是小心翼翼的注意不被允許的煙味。如果女教官能稍加注意，必然也可以聽見在廁所後面嘔吐或輕瀉的聲音。

只是，體重要減到多輕，才是所謂的完美呢？

在家裡拿起遙控器，順手按下有線電視頻道。廣告裡，一位家庭主婦正現身說法著，說她曾經擔心先生外遇，甚至瀕臨離婚的危險，後來使用××××以後，整個體重減輕十二公斤，老公每次應酬都主動帶她一起去了。另一位更年輕的女子則說，男朋友都不再帶她出門了，因爲他受不了其他男人拚命對她瞄眼或勾引的眼神。

我問起另一位女同事：女人眞的這麼在乎身材嗎？她笑了笑，表示沒資格回答這個問題。她說，在醫院工作的女性醫護人員，也許是有專業帶來的成就感和忙碌吧，雖然有時也會擔心，但幾乎是沒時間深思這個問題。她又說，下次去東區或西門町逛街時多注意看看吧，隨便都可以看見瘦得像「鳥仔腳」的女孩；至於在醫院工作的人當中，恐怕很少人會有如此輕巧的身材。

在歐美國家裡，五、六〇年代才大量出現了厭食症的個案，有人以類似「嬰兒潮」（baby boom）的名詞而戲稱爲「厭食潮」（anorexic boom）。這個疾病的關鍵不是在厭食或拒食，而是在於對自己身體瘦胖的誤判——永遠都覺得自己太胖，覺得體形不夠完美。

這種對體型「完美」的病態執著，近幾年也如火燎原般悄然襲上了台灣。完美原本是一種理想的概念，如今卻是文明的西方化所帶來的新疾病了。

之七

「從前有一個商人，所有兒女都很俊美，只有大女兒例外，人人都叫她醜八怪。有一天，商人迷了路，來到一座城堡，忍不住偷了七朵金玫瑰，野獸忽然憤怒地出現了……」這「美女與野獸」的故事情節，人人都耳熟能詳的。只不過，女性主義學者芭芭拉．沃克（Barbara G．Walker），將它改寫成《醜女與野獸》了。

在她的版本裡，野獸不是被暗咒的王子，而是天生如此。志願代父償債的女兒也不是美女，而是世人眼中的醜八怪。然而，因爲他們彼此可以卸下虛榮的面具，坦然的接受了自己的長相，也誠懇接納對方不尋常的美，童話應有的快樂結局還是出現了。

只是，遺憾的是，在我們的生活中，美的標準愈來愈單一了。厭食症的患者只是冰山一角，擁有龐大營業額的瘦身事業更是可以看出這一切問題的普遍性。

美的標準一旦單一化，更多的體型必然遭到排斥，更不用提對自己身體缺點的接受了。

前些年，因爲參與一個疾病紀錄片工作的緣故，認識了幾位巴金森症（Parkinson's Disease）的病友，其中包括了著名音樂作曲家李泰祥先生。

年輕時，曾經以迷人的風采而聞名於藝文界的他，如今卻要面對自己中樞神經的缺損所帶來的無法控制的抖動。訪問的時候，他已經熬過數年的疾病生涯了。他豁達的說，反正手抖動不已時，就聽聽古典音樂，加大幅度的當做是在指揮吧。他說，音樂可以讓自己平靜，也不用在乎自己不能控制的抖動了。

對旁人而言，也許只是一種生活適應的技巧，但是這樣的坦然態度背後，其實是對人生更深沉的領悟。至少，對李先生而言，他已經跳脫出一般世俗狹隘的美的標準。他不僅接受自己的疾病，甚至將疾病帶來的抖動視爲自身的一部分，就像微笑或哭泣，都是自己生命所不可缺少的。

於是，擺脫了對「完美」體相的執著，自在的態度讓他放鬆，不再使力刻意的控制，巴金森症的抖動反而明顯減少了。

可是，在紀錄片拍攝的同時，我們也遇見有著全然不同態度的病友。他對自己的抖動極其敏感，甚至在妻子和子女面前都是刻意掩飾著。彷如，對他而言，身爲一位父親或丈夫，應該要有著完美的形象。

只是，如果我們有機會稍稍做個小實驗：將雙手平舉，先放鬆，然後用力，很快就可以發現使勁時的抖動，要明顯許多了。

對於自己的抖動全然無法接受的病友，他使盡了力氣要抑制任何可能的顫抖；只是，肌肉用力的結果，抖動反而更是明顯了。

紀錄片結束以後，又陸續聽到了一些消息。聽說他去申請實驗中的腦部開刀治療方法，甘心成爲第一批的手術對象。

這樣的手術，學理上的確是可以減輕巴金森氏症狀。只是，通常僅能改善嚴重的程度，卻無法完全治癒。我想起了幾次會談裡，他總是有意無意的表達出若沒法回到「完美的正常」，也就是完全不抖動，是不可能善罷甘休的。

如果這一次手術果真有超水準的療效，高達九成的症狀全改善了，那麼，他會接受剩下的一成抖動，安然的與病共存嗎？

老實說，我相當懷疑。

之八

當一位精神科醫師，其實是十分幸運也十分幸福的。至少，我自己是這樣的看法。

經常，朋友憂心忡忡的問我：怎麼可能承受這許多心理苦難呢？尤其，在美國有個統計，醫師的自殺率的確向來以精神科和痲醉科最常名列前茅。只是，我在這許多苦難中，反而看到更多樣的生命形式，更豐盛的生命潛能；甚至，經常可以在相處數年的病人身上，感覺到生命成長的旺盛活力，彷如在深夜裡麥子落地以後，聽見了努力發芽伸出胚葉的隆隆喜悅聲。

小茜也是我在當住院醫師時就認識的個案，那時她還是清湯掛麵的高中女生。先天的體質再加上秀異女中的壓力，躁鬱症發作了，她也被迫休學了。

後來，我去了花蓮工作，幾年以後才又回到同一家醫院。沒多久才知道原來她又住院了，而且，在失去聯絡的這許多年，躁鬱的週期經常不穩定的來襲。

「你們醫師怎麼這樣子呢，總是欺騙病人說沒啥副作用，可是，可是我幾乎失去了自己。」她回到門診時，抱怨上次住院的經驗，控訴著強制施行的電氣痙攣療法教她失去了多年的記憶。

雖然，一再復發的躁鬱症造成了數度的休學，她的好強性格還是逼自己考上大學，而且就快畢業了。她的聲音充滿了壓抑的憤怒，長年病苦造成的過度成熟性格，反而渾身散發著女性少見的悲壯氣氛，幾乎要讓小小的門診間窒息了。

雖然，那次住院不是我照顧的，電療的決定過程更是一點都沒參與；但是，強烈的罪惡感還是教我沉重了。畢竟，在我們專業訓練過程中，一切閱讀的厚重書籍和最新論文，都告訴著我們電療造成的記憶力影響是輕微而短暫的。甚至，這些世界專家的文章裡，不只有科學的實驗來證明這副作用的微不足道，甚至也經常引用個案的現身說法作爲支持。

小茜卻是憤怒的。

上個月，她回到了學校，除了這兩年來拿高分的法文幾乎完全陌生以外，剛好系上也來了一位外國人。同班的同學都高興極了，充滿了老友重逢的喜悅氣氛，她也看見了那位陌生人十分熱絡的朝向她表示歡喜，只是，她很認眞搜索記憶裡的每一個角落，卻是一點印象都沒有，只有全然的生疏、困惑和一陣一陣湧上心頭的恐慌。

「你知道那感覺嗎？像是被所有的朋友拋棄了，一個人孤立在不同時光的另一個世界。」她平靜的口氣，反而教我更哀傷了。

我只能鼓勵她多講一些，甚至乾脆寫下來，再強烈的控訴也無所謂。這般痛苦的生命經驗，幾乎撕裂了她勉強支撐的鬥志，我卻因爲只是個精神科醫師，只要有一點點愧疚感就可以擁有同樣的極至體驗了。經常，病人難以承受的痛苦，我們卻輕易的從中獲取了專業知識和人生哲學的體會。

丹麥導演拉斯・馮・提爾（Lars von Trier）在他的作品「醫院風雲」裡，曾經有一幕鏡頭在病歷倉庫裡緩慢巡曳，泛黃而斑駁的病歷紙，一層明顯的灰塵。這時，旁白深沉的喃喃響起：「每一張紙上密密麻麻的字跡，都是由病人的鮮血慢慢寫成。」

幸運的是，小茜終於願意固定服用預防躁鬱症復發的藥片了。

以往，也許是少年時代生病的特殊經驗吧，讓她長成了全然不要人幫助的好強性格，希望完全和同學一樣，而拒絕任何罹病該有的權利。然而，固定吃藥象徵著她的與衆不同，自然她就經常擅自停藥了；再加上她嚴以律己帶給自己近乎苦行自虐的壓力，兩者累積下來的強大阻力，經常引起了疾病的復發。如今，她願意固定吃藥，相信是她已經更成熟了，對自己更有信心、更自在了，也就不再以別人爲所謂「正常」的標準。

在門診，不管精神科還是內科，似乎總是充滿了「不必吃藥才算正常」、甚至是「吃藥就是不完整的人」的觀念。於是，糖尿病的病人問新陳代謝科醫師什麼時候才可以不用吃藥，高血壓的問心臟科也是同樣的問題，當然精神科也不例外。

我總是推一推自己的眼鏡，回答這些急切求好的心情說：「你看看，近視不也是一種病嗎？我這輩子注定要依賴這副眼鏡做人生枴杖了，但是日子還是可以很充實呀。」

藥物或其他類的長期治療，重要的是自己能否徹底接受，願意讓它成爲自己生活的一部分。如果，我的個案可以做到這一點，我就深深相信他自己的人生哲學已經讓他有一定的成熟度了，不再需要以別人做正常的指標了。

就像我的青少年時代，一段最灰暗而悲觀的歲月。經常，一個人坐著火車從中部到台北排隊看病，追蹤治療必須長期服藥的慢性腎臟病。那時，孤獨坐在漫長的鐵道上，擔心著是否好不容易減少每天兩顆的類固醇又要被黃教授加個半顆了。甚至，在學校裡總是自卑的覺得自己是外星人似的，否則爲何沒人跟我一樣吃藥呢。這種敏感的性格蔓延著，連考試考了班上第一名，都會覺得「與衆不同」而痛苦萬分。

我是幸運的。那時，一起擠在特別門診等待的病友，有的日益惡化而必須洗腎，甚至早夭了；有的多年後再次重逢時，還固定吃著那幾顆粉紅色的類固醇。而我是極少數的幸運兒，竟然完全不用吃藥，也不必忌諱食物的鹽分和運動的負擔。

只是，我想，如果我的病不能痊癒，還是必須一直服藥，會不會也像小茜，還有我自己的許多病人一樣，因爲好強、沮喪或賭氣，拒絕服藥而任身體敗壞？我相信，如果病情一直延到高中或大學，恐怕是寧可選擇消極的死亡而不吃藥吧。

我跟大家一樣，曾經都是害怕自己不夠標準、不夠完美、沒有同年紀夥伴應有的模樣。就像我們日常的文化一樣，永遠都是對自己也對別人不斷苛責和要求，從來都不懂也不敢肯定自己或誇讚自己，一點點可以讓自己生命喜悅的自戀都不被允許。

然而，跌跌撞撞許多年以後，小茜都做到我所不能做到的了。她開始固定習慣吃藥，可見她的性格已經圓融到可以接受自己的一切，而擺脫了世俗的好壞標準。

之十

捷克小說家昆德拉（Milan Kundera）有一本國內頗受歡迎的小說，《生命中無法承受之輕》，一九八四年出版的作品。

爲什麼「輕」，反而才是生命所無法承受的？昆德拉其實是一位嚮往著人類永恆價值的作家。對他來說，一切的文明發展都只是愈來愈輕薄短小，愈來愈媚俗（Kitsch）罷了。他是相當菁英主義的，而且，恐怕是尼采式的超人哲學，才會脫口引用猶太俗諺說：「人類一思考，上帝就發笑！」人類愈是努力去想，離眞理就更遠了。

對昆德拉來說，一般人都是過著庸庸碌碌的生活，使他不得不以上帝的姿態嘲笑一切。於是，生命中所無法忍受的反而是一切的輕。

像我這樣一個平凡的精神科醫師，坐在不起眼的診療室裡，彷如是在井底裡深居許久的慘綠青蛙。任何走進井裡的，都是帶來訊息的使者，教我認識井外的世界。這時，上帝發不發笑，反而是我不在乎的事了。

每一位個案都是豐富我世界的天使。對他們而言，小小的傷口也許是永遠無法遺忘的痛，以致於沉重地落入了這一口井。而我遇見了，聽見了，也因而偷窺到生命的一些些哲理。

輕，對某些人而言，也許是生命所無法忍受的；然而，在我狹隘的世界，生命所無法遺忘的，都是永遠沉重的負擔。

延伸閱讀

- 《錯把太太當帽子的人》（*The Man Who Mistook His Wife For A Hat: And Other Clinical Tales*），（1996），奧立佛・薩克斯（Oliver Sacks），天下文化。

- 《火星上的人類學家》（*An Anthropologist On Mars: Seven Paradoxical Tales*），（1996），奧立佛．薩克斯（Oliver Sacks），天下文化。
- 《醜女與野獸》（*Feminist Fairy Tales*），（1996），芭芭拉．沃克（Barbara G. Walker），智庫。
- 《生命中不能承受之輕》（*Nesnesitelna Lerkost Byti*），（1996），米蘭．昆德拉（Milan Kundera），時報出版。

一九九八
台灣少年前事

我的朋友王浩威：

讀《台灣少年記事》的一點隨想

陳義芝

儘管認識王浩威許多年，陸陸續續在不少場合聽他評論創作、分析思潮，或自述學思歷程、處事方法，對他眞實的世界卻仍然諱莫如深。

他究竟是怎樣的一個人？除了未婚，少掉一點紅塵牽絆，他也談戀愛，上班，開會，旅行，遊蕩於劇場、Pub，喝酒，聽Band，閒聊天，睡覺……他究竟拿什麼時間看書、思想？在知識海裡，他究竟涉獵多寬、沉浸多深？爲什麼大家總樂於與之親近，甚至嘴上愛掛著「我的朋友王浩威」？是那一顆智慧的大腦袋嗎？是樂呵呵一張彌勒佛般的笑臉嗎？

像王浩威一樣淵深的學者，大有人在，但鷹揚踔厲之氣溢於外，太銳利了；像王浩威一樣興趣廣泛的人，大有人在，但遊方學藝之味不足，太單薄了。沒有架子、沒有距離、不搶話而善於傾聽，你說什麼他似乎都懂，你說錯了也不怕他暗自皺眉，這是朋友（公衆）面前王浩威最教人傾服之處。

文學的王浩威最初的事業是詩。除掉全國學生文學獎的光環，一九九〇年他更以〈我和自己去旅行〉一詩勇奪時報文學獎新詩首獎。詩集《獻給雨季的歌》記錄了他在這方面的成績。一九九一年王浩威任職於花蓮慈濟醫院，雄山秀水的環境召喚他關心地誌、關心族群、關心人心深處及歷史變化的光影，他完成了散文集《在自戀和憂鬱之間飛行》、《海岸浮現》，筆法自然細膩，情感醇厚堅實，最可貴的是題材的開拓——爲散文創作探勘了新路。

幾年前，在一項散文推薦獎評選會上，我曾推薦王浩威，雖未獲全體贊同，以致未得獎，但他筆下展開的醫學世界、心理奇景，無窮曲折繁複、觸痛心弦、引人悵憾低迴的生命圖象，的確是世紀末後現代社會最能把握「時代感」的文章。

就以《台灣少年記事》這一本書看，他再次爲我們揭示了一個豐盈的內心世界，這個世界告訴我們生命本身就是難題，不同的人事地，共同或類似的因子，造就出環扣相生的傷痛。書中，有的人厭食，有的人躁鬱，有的人時常失神，有的人害怕失敗；有的人失去自我，有的人不知如何表達自己；有的人不自主冒出穢語，不自主就去掀路人的裙子，錯愕、沮喪、恐懼、掙扎、恨……以及諸多「不正常」的社會烙印。我有時候會想，你我誰不是病人？生命，原就是一面風月寶鑑，我們不能躲著不去看恐怖醜怪的那面，只有在淋漓的血跡注視中才能參悟人世的輕重，看出生命的眞假。倘若一意只貪看「美好」的影像，不免有趨於麻醉自斃之虞。

面對這許多EQ的故事，診療的個案，王浩威扮演了一位深具同理心的傾聽者。他知道那些病歷是一個個病人用滴血的生命寫出來的，他視病人爲帶著「訊息的使者」，他和他們交換生命的訊息。

王浩威說道：「精神科的門診比文章或電影還精采，每一個案背後的故事其實都比市面上的小說來得引人入勝。」《台灣少年記事》正是一本講述精神科門診個案的書，醫學與心理分析的專業知識、詩的同情與小說的情節，使我確信，它是近年來罕見的動人的文學（散文）書。然而，因爲出版與行銷定位的關係，我又唯恐它被書店「慣性」地歸入「非文學書」中，那麼，雖突出了醫者王浩威的形象，但作爲創作者王浩威的苦心就會被忽略掉了。

遇見青少年

王浩威

青少年的輔導工作，原本不在我作爲精神科醫師的生涯規畫裡。

一九九一年結束了台大醫院住院醫師訓練，我到花蓮慈濟醫院設立精神科，擔任了四年的主治醫師兼代主任。新認識的同事輾轉介紹了一對任職大學的父母，他們帶著就讀國中的女兒來到門診，要我勸她好好考高中，不要一心一意想讀國光藝校做明星。

當時的我，雖然有兒童精神醫學、心理治療和家庭輔導等專業訓練背景，但是青少年個案接觸的機會其實是很少的。

於是，在面對她不耐的漫長沉默時，忍不住問起她的嗜好，想要示好來博取信任。她終於開口說了一首歌的名字，問我知道嗎？當時的我還自以爲是的撒了一點謊，表示「好像聽過，一下子想不起來」。也許因爲青少年的敏感，她立刻提了一個名字，問我知道否。我愣了一下，又逞強的說：「好像聽過。」從此，她再也不開口了。

原來，她提到歌是當時剛出道而正成爲新偶像的林志穎成名歌曲。然而，我卻在許久以後才知道誰是林志穎，還有，原來林志穎是讀國光藝校的。

青少年的次文化是我永遠無法積極追隨的；而且，正因爲遇見青少年，我開始發覺自己想扮演上帝一般全知全能的情結。也因此遇見青少年不僅是不要被氾濫的資訊淹沒了，甚至還要有所累積，對我而言，這也就成爲新的挑戰和新的學習。

我最大的學習是開始發問，對社會，對生命，對身爲成人的我。例如，我疑惑著：「未來的孩子會比較幸福嗎？」

某些方面而言，他／她們的確會有更多的資源——但也僅止於家庭功能尚可的幸運兒。

向來缺乏社會福利的台灣，就像一個缺乏緩衝閥的壓力鍋，隨時都會發生各種大大小小的爆炸。在過去，大家族的功能還存在，透過傳統的親情觀念，在社會上不順利的人可以獲得其他成功的家族成員的集體幫助，也就比較沒有失業、中年危機、家庭暴力等等問題。然而，隨著社會結構的改變，維持家庭運作的成本急遽提高，自顧不暇的情形也就嚴重出現了。傳統的家族功能已經名存實亡，現代社會應有的社會福利卻是遙遙無期。

在一項「走過童年傷痕」徵文活動裡，我從投稿中可以淸楚的發現「貧窮」對個人成長的影響愈來愈深遠了。在二十年前或更早以前，貧窮帶來的心理傷害主要是以社會（班上同學、老師或鄰居、一般大衆等等）的嘲笑爲主，家裡的親情還是不變的，甚至因爲窮而彼此更親近；現在，貧窮卻直接摧毀了一個家庭——也許是父親沮喪酗酒而暴力，也許是母親不堪負荷而離去，而孩子們直接暴露在社會環境中，遭到性或身體暴力的危險也就更高了。

在另一方面，經過功能縮小過程後還能維持良好資源的家庭，也許沒有貧窮的威脅；可是新的照顧和相處方式卻還沒有誕生。於是，不知如何著手的父母親，給了孩子許多的愛和關心，但是這些親情卻同時是焦慮而不放心的，反而在孩子的成長過程中可能造成了窒息的感覺。不知所措的愛，變成另一種傷害——當然，這樣的傷害可能比前述的貧窮還是輕微多了。

未來的孩子也許更幸福？關於這一點，實在不敢確定。但是，可以確信的是，平均來說，未來孩子的成長環境會更危險。

也許，我的論調太悲觀了。但是，從一年比一年高的輟學學生人數和少年暴力與竊盜犯數（參考《人本教育札記》一九九七年十二月號），可以看出被家庭和學校完全放棄的青少年愈來愈多了。在這情況下，我們（大人們）如果還是不斷的認爲，現代的孩子比以前還幸福，而自以爲是的責備他們太不自愛，這不是更沒希望了。

在我自己還是少年時，面臨許多不愉快的經驗時，總是會暗自表示：絕不讓下一代也遭到同樣的待遇。當時這麼自我期許著，成長以後也一直如此自我要求。只是，幾年的臨床工作下來，卻發覺單單這樣，固然就不容易了，但是，嚴格說起來，其實是不夠好。

大人們千萬不要忘記自己青少年時期的不愉快經驗，不過，這只是讓下一代更好的基本條件；倘若以爲這樣就夠了，反而會犯下另一種自以爲是的大錯。

臨床的工作帶給我更多的衝擊，讓我從做善事的心態，逐漸轉變成視之爲學習和成長的機會。我發覺除了不要讓下一代重蹈覆轍以外，更容易疏忽的是隨著社會結構的改變，而悄然發生的前所未有的困境。這些容易看不見的問題，不僅是青少年無力解決的，恐怕也是我們大人只能書空咄咄罷了。

未來的最大挑戰還躲在黑暗中，躲在我們共同的盲點裡，悲觀是應該的，焦慮也是應該的；然而，更重要的恐怕還是只有兩個字：行動！

如果「愛我們的孩子」，就開始行動吧。

Caring 066

我的青春，施工中：王浩威醫師的青春門診

Listening to the Voices of Young People

作者—王浩威（Hau-Wei, Wang）

出版者—心靈工坊文化事業股份有限公司
發行人—王浩威
總編輯—王桂花
特約編輯—賴慧明
內文排版—龍虎電腦排版股份有限公司
通訊地址—106 台北市信義路四段 53 巷 8 號 2 樓
郵政劃撥—19546215　戶名—心靈工坊文化事業股份有限公司
電話—02）2702-9186　傳真—02）2702-9286
Email—service@psygarden.com.tw　網址—www.psygarden.com.tw

製版・印刷—漾格科技股份有限公司
總經銷—大和書報圖書股份有限公司
電話—02）8990-2588　傳真—02）2290-1658
通訊地址—新北市五股工業區五工五路 2 號（五股工業區）
初版一刷—2009 年 5 月　二版六刷—2017 年 8 月
ISBN — 978-986-6782-56-5
定價— 280 元

國家圖書館出版品預行編目資料

我的青春，施工中：王浩威醫師的青春門診／王浩威作； --初版.--臺北市：
心靈工坊文化, 2012.2　面；公分.（Caring：066）

ISBN 978-986-6782-56-5（平裝）

1.心理治療　2.精神醫學　3.通俗作品

178.8　　98005756

心靈工坊 PsyGarden 書香家族 讀友卡

感謝您購買心靈工坊的叢書，爲了加強對您的服務，請您詳填本卡，
直接投入郵筒（免貼郵票）或傳眞，我們會珍視您的意見，
並提供您最新的活動訊息，共同以書會友，追求身心靈的創意與成長。

書系編號—Caring 066　書名—我的青春，施工中：王浩威醫師的青春門診

姓名　是否已加入書香家族？ □是 □現在加入

電話 (O)　(H)　手機

E-mail　生日　年　月　日

地址 □□□

服務機構　職稱

您的性別—□1.女 □2.男 □3.其他

婚姻狀況—□1.未婚 □2.已婚 □3.離婚 □4.不婚 □5.同志 □6.喪偶 □7.分居

請問您如何得知這本書？

□1.書店 □2.報章雜誌 □3.廣播電視 □4.親友推介 □5.心靈工坊書訊
□6.廣告DM □7.心靈工坊網站 □8.其他網路媒體 □9.其他

您購買本書的方式？

□1.書店 □2.劃撥郵購 □3.團體訂購 □4.網路訂購 □5.其他

您對本書的意見？

□ 封面設計　1.須再改進 2.尚可 3.滿意 4.非常滿意
□ 版面編排　1.須再改進 2.尚可 3.滿意 4.非常滿意
□ 內容　1.須再改進 2.尚可 3.滿意 4.非常滿意
□ 文筆／翻譯　1.須再改進 2.尚可 3.滿意 4.非常滿意
□ 價格　1.須再改進 2.尚可 3.滿意 4.非常滿意

您對我們有何建議？

▲您的意見，我們將轉貼在心靈工坊網站上，www.psygarden.com.tw

廣告回信
台北郵政登記證
台北廣字第1143號
免貼郵票

心靈工坊 PsyGarden

10684台北市信義路四段53巷8號2樓

讀者服務組 收

免貼郵票

(對折線)

加入心靈工坊書香家族會員
共享知識的盛宴，成長的喜悅

請寄回這張回函卡（免貼郵票），
您就成爲心靈工坊的書香家族會員，您將可以——

⊙隨時收到新書出版和活動訊息

⊙獲得各項回饋和優惠方案